# Gesellschaftliche Spaltungstendenzen als Herausforderung

Beiträge zur Theorie und Praxis zeitgemäßer
politischer Bildung für die und in der Polizei

ISBN 978-3-86676-753-9

# Polizei – Geschichte – Gesellschaft, Band 4

Kai E. Schubert (Hg.)

## Gesellschaftliche Spaltungstendenzen als Herausforderung

Beiträge zur Theorie und Praxis zeitgemäßer
politischer Bildung für die und in der Polizei

ISBN 978-3-86676-753-9

Verlag für Polizeiwissenschaft
Prof. Dr. Clemens Lorei

**Bibliografische Information der Deutschen Nationalbibliothek**
Die Deutsche Nationalbibliothek verzeichnet diese Publikation in der Deutschen Nationalbibliografie; detaillierte bibliografische Daten sind im Internet über http://dnb.d-nb.de abrufbar.

Gefördert durch die Axel Springer Stiftung

Satz und Gestaltung: Ralph Gabriel, Berlin

Verlag für Polizeiwissenschaft, Prof. Dr. Clemens Lorei
Eschersheimer Landstraße 508 • 60433 Frankfurt
Telefon/Telefax 0 69/51 37 54 • verlag@polizeiwissenschaft.de
www.polizeiwissenschaft.de

Printed in Germany

# Inhalt

*Christoph Kopke*

# Vorwort

Eine national wie international immer komplexere und komplizierte politische Gemengelage stellt auch die Polizei und andere Sicherheitsbehörden vor die Herausforderung, ihren Mitarbeiter*innen geeignete Zugänge zur „Politischen Bildung" zu ermöglichen. Schließlich – um bei der Polizei zu bleiben – sind die Vollzugsbediensteten häufig direkt mit den Auswirkungen von Politik konfrontiert, so etwa bei den Einsatzlagen rund um die zahlreichen Demonstrationen und politischen Protestaktionen, die in der Bundesrepublik Jahr um Jahr stattfinden. Da ist es wichtig, über die Hintergründe Bescheid zu wissen. Aber auch die in den vergangenen Jahren und Monaten immer wieder publik gewordenen rechtsextremistischen Vorfälle innerhalb der Polizeibehörden machen einen Bedarf an politischer Bildung offensichtlich. Aber nicht nur in der polizeilichen Fortbildung, sondern auch in der Ausbildung ist politische Bildung bzw. das Fachgebiet „Politikwissenschaft" wichtig und Teil des Curriculums. Hier gibt es allgemein „Luft nach oben" und die Bundesländer sind hier sicherlich auch sehr unterschiedlich aufgestellt.

Als Dekan des Fachbereiches Polizei und Sicherheitsmanagement der Hochschule für Wirtschaft und Recht (HWR), an dem das Bachelor-Studium „gehobener Polizeivollzugsdienst" für die Berliner Schutz- und Kriminalpolizei angesiedelt ist, und Herausgeber dieser Reihe, freut es mich besonders, dass nun diese Aufsatzsammlung der (Fach-)Öffentlichkeit vorgelegt werden kann.

Neben verpflichtenden Lehrveranstaltungen, die die Rolle der Polizei in der demokratischen Gesellschaft beleuchten oder in denen Herausforderungen für die innere Sicherheit oder internationale sicherheitspolitische Fragestellungen thematisiert werden, bieten wir beim Studium an der HWR im Rahmen von Wahlpflichtveranstaltungen (sog. Vertiefungsmodulen) regelmäßig Lehrveranstaltungen zu wichtigen gesellschaftlichen und politischen Themenstellungen an.

Kai E. Schubert, der für die Herausgabe dieses Bandes verantwortlich zeichnet, richtet als Lehrbeauftragter seit einigen Jahren regelmäßig und engagiert ein Vertiefungsmodul speziell zum Thema Antisemitismus aus. Dafür sei ihm an dieser Stelle noch einmal ausdrücklich gedankt. Ebenso erfreulich ist es, dass in dem vorliegenden Band auch ein Aufsatz Aufnahme gefunden hat, der wesentlich auf einer BA-Arbeit basiert, die der Verfasser an diesem Fachbereich erfolgreich eingereicht hat.

Ich hoffe, dass dieser Sammelband somit einen kleinen Beitrag zur notwendigen Auseinandersetzung um die politische Bildung „in der und für die Polizei" leisten kann und das ein oder andere nützliche Argument zur Debatte beisteuert.

Berlin, im Mai 2022
Prof. Dr. Christoph Kopke

*Kai E. Schubert*

# Einleitung
## Gesellschaftliche Spaltungstendenzen als Herausforderung
Zu Theorie und Praxis zeitgemäßer politischer Bildung
für die und in der Polizei

Die Gesamtzahl der polizeilich registrierten Straftaten in der Bundesrepublik war 2020 so niedrig wie zuletzt 1992 und sinkt seit dem Jahr 2016 (im Verhältnis zur Bevölkerungszahl sogar seit 2015) – zeitweise in größeren Sprüngen.[1] Geht man davon aus, dass sich die meisten Menschen insbesondere dann mit der Arbeit der Polizei auseinandersetzen, wenn sie selbst von Kriminalität betroffen sind, könnte man vor dem Hintergrund der genannten Zahlen zunächst annehmen, dass das gesellschaftliche Interesse an der Polizei rückläufig wäre. Tatsächlich ist dieses jedoch in den letzten Jahren auf ein lange nicht mehr erreichtes Niveau gestiegen (vgl. Schultz 2021). Hierzu haben verschiedene Faktoren beigetragen:

a) Dies sind zum einen offenbar erhöhte politische Spannungen innerhalb der Gesellschaft, die zu Polizeieinsätzen führen. Einige dieser Entwicklungen haben einen signifikanten Bedrohungscharakter für die demokratische Gesellschaft. Dies betrifft etwa den islamischen Terrorismus, dessen vorläufiger Höhepunkt in Deutschland der tödliche Anschlag auf den Berliner Weihnachtsmarkt am Breitscheidplatz 2016 bildet (vgl. Hummel/Rieck 2020). Außerdem existieren im Bereich der extremen Rechten soziale Bewegungen, die sich im Zuge der gesteigerten Fluchtmigration nach Deutschland in 2014 formierten und gegen diese gerichtet sind. Teile dieser Milieus haben sich in Form krimineller und terroristischer Vereinigungen bzw. Einzelpersonen radikalisiert (vgl. Quent 2019). Stichworte sind hier u. a. die Milieus der „Reichsbürger" und Selbstverwalter, aber auch die vor der Enttarnung des sog. Nationalsozialistischen Untergrundes durch den Staat weitgehend unterschätzte Gefahr des rechten Terrors (vgl.

---

[1]  Für 2020 wurden 5.310.621 Straftaten registriert (die Polizeiliche Kriminalitätsstatistik für 2021 lag zum Redaktionsschluss dieses Buches noch nicht vor). Vgl. die BKA-Übersicht unter https://www.bka.de/SharedDocs/Downloads/DE/Publikationen/PolizeilicheKriminalstatistik/2020/Interpretation/Faelle/ZR-F-01-T01-Faelle_xls.xlsx?__blob=publicationFile&v=4. Die Aufklärungsquote ist in den vergangenen Jahrzehnten recht stabil.

Kopke 2020). In den Blick geraten Online-Milieus, in denen sich (häufig höchstens aus juristischer Perspektive so zu bezeichnende) „Einzeltäter" (vgl. Gebhardt 2021) wie die Attentäter auf die Hallenser Synagoge 2019, in Hanau 2020 sowie auf den Kasseler Regierungspräsidenten Walter Lübcke 2019 radikalisierten. Außerdem hat sich im Zuge der Corona-Krise ab 2020 eine selbsternannte „Querdenken"-Bewegung formiert und in Teilen rasch radikalisiert (vgl. Benz 2021; Kleffner/Meisner 2021) – erinnert sei an den Versuch, im Kontext einer Großdemonstration 2020 das Reichstagsgebäude in Berlin zu stürmen. Andere, nicht antidemokratische soziale Bewegungen mit dem inhaltlichen Fokus Ökologie und Klimawandel (Proteste gegen das Bahnhofsprojekt „Stuttgart21", Initiativen gegen Waldrodungen, sowie Kohleabbau und Atomkraftwerke und insbesondere „FridaysForFuture") sowie dezidiert linke Akteur*innen (vgl. Teune u. a. 2018) sind ebenfalls in jüngster Zeit – etwa bei den Protesten gegen den G20-Gipfel in Hamburg 2017 – verstärkt sichtbar, mit Polizeieinsätzen konfrontiert und stellen polizeiliches Handeln vor neue Herausforderungen (vgl. Behrendes 2020).

b) Nach der Tötung des Afroamerikaners George Floyd durch einen amerikanischen Polizisten in 2020 bekam die Bewegung #BlackLivesMatter (BLM), die sich insbesondere scharf gegen Formen des staatlichen und institutionellen Rassismus gegen Schwarze Menschen richtet, enormen Auftrieb. BLM war eine der erfolgreichsten politischen Massenmobilisierungen in der jüngeren Geschichte der USA. Sie wurde breit wahrgenommen und auch international rezipiert (vgl. Zajak/Sommer/Steinhilper 2021), in der Folge wurde auch in anderen Gesellschaften die Frage nach (rassistischer) Polizeigewalt aufgeworfen und kontrovers diskutiert, in Deutschland etwa die Praxis des „racial profiling" (vgl. Cremer/Töpfer 2019).

c) Diverse rassistische, antisemitische und allgemein extrem rechte Vorkommnisse in Zusammenhang mit Polizist*innen erregten in den letzten Jahren die Aufmerksamkeit von Staat und Öffentlichkeit (vgl. Meisner/ Kleffner 2019; Kopke 2019; End 2019; Hunold/Wegner 2020; Kopke 2021; Kempen 2021; Arzt u. a. 2021). Nachdem Initiativen, durch wissenschaftliche Beforschung der Polizei eine Versachlichung anzustreben, zunächst abgewehrt wurden, änderte sich die Position einiger Innenministerien des Bundes und der Länder teilweise, entsprechende Studien werden derzeit erstellt. Zivilgesellschaftliche Akteur*innen, die den Austausch mit der Polizei mit dem Ziel einer Sensibilisierung anstreben (vgl. Lorenz-Milord/

Schwietring/Steder i.d.B.), scheinen in jüngster Zeit mehr Gehör zu finden, dennoch sind weiterhin Vorbehalte und z. T. Widerstände zu beobachten.

Zusammenfassend ist also festzustellen: Die Herausforderungen, denen die Polizei begegnen muss, sind durch politische Entwicklungen zahlreicher, vielfältiger und komplexer geworden. Dies betrifft insbesondere rassistische, antisemitische und extrem rechte Phänomene und Akteur*innen, die der Polizei gegenübertreten. Z.T. rücken bereits länger bestehende Phänomene erstmals in den Fokus der Behörden, mitunter handelt es sich aber auch um neuere politische Konstellationen, die nicht mehr den Bewertungsschemata und Kategorien entsprechen, die traditionell zum Einsatz kommen. Rassismus, Antisemitismus und Rechtsextremismus bilden jedoch nicht nur ihr Gegenüber, sondern finden sich auch innerhalb der Polizei. In quantitativer Hinsicht betrifft dies weniger dezidierte Anhänger*innen entsprechender Weltanschauungen oder gar Organisationen sowie sich bewusst und intentional diskriminierend und menschenfeindlich verhaltende Beamt*innen. Wichtig ist es jedoch, sich nicht auf diesen (zu) engen Fokus zu beschränken, sondern weitere (ggf. subtilere) Formen von Menschenfeindlichkeit zu berücksichtigen.

Existieren in Bezug auf die Auseinandersetzungen mit klassisch-„extremistischen" Phänomenen in der Polizei teilweise durchaus effektive Routinen (vgl. z. B. Botsch/Kopke 2011; 2015), stellen neuere Entwicklungen außer-, sowie solche innerhalb der Polizei diese vor Herausforderungen. Neben Instrumenten wie der Verbesserung von Öffentlichkeitsarbeit durch Transparenz und verbesserte Ansprechbarkeit, internen Melde-, Beratungs-, und Sanktionsmöglichkeiten etc. ist als eine wesentliche Ressource zum Umgang mit den genannten Problematiken die Aus- und Fortbildung von Polizist*innen anzusehen. Insbesondere die politische Bildung kann dabei unterstützen, politische Phänomene sowie deren ggf. antidemokratischen Charakter erkenn- und verstehbar werden zu lassen. Auch trägt sie dazu bei, das professionelle Selbstbild einer demokratischen Behörde zu vermitteln. Im Idealfall führt sie dazu, dass (angehende) Polizist*innen Rassismus, Antisemitismus und Rechtsextremismus selbstständig erkennen, benennen und kritisieren können. In Bezug auf die Ausbildung spricht der Politikwissenschaftler und Ansprechpartner des Landes Berlin zu Antisemitismus Samuel Salzborn (2015, S. 142) von einer „disparaten" Situation: „In manchen Bundesländern gehört die Auseinandersetzung mit (Rechts-)Extremismus zum Kernkurriculum des polizeiwissenschaftlichen Studiums, in anderen nicht" (vgl. Jasch 2019). Keineswegs betreffen die angesprochenen Problematiken die Polizei allein, sondern grundsätzlich staatliche Organe sowie Sicherheitsbehörden im Besonderen (vgl. Meisner/Kleffner 2019; Liebscher 2021).

Für die Polizei in einer Demokratie kann es zu einem reflexiven Umgang mit der an sie adressierten Kritik langfristig keine sinnvolle Alternative geben. „Gerade beim Thema Gewalt", so Rafael Behr, „muss eine Organisation wie die Polizei bemüht sein, ihr Handeln moralisch zu legitimieren. Gelingt dies nicht, unterscheidet sie sich in moralischer Hinsicht im Prinzip nicht von jenen, deren Gewalt sie unterbinden oder bezwingen soll" (Behr 2020, S. 16). Eine umfangreiche politische Bildung in Sachen Rechtsextremismus, Rassismus und Antisemitismus ist daher als „in der polizeilichen Ausbildung unverzichtbar" anzusehen (Salzborn 2015, S. 142).

Die Inhalte des vorliegenden Bandes berühren wichtige Felder der politischen Bildung für die und in der Polizei, nehmen hierbei unterschiedliche inhaltliche Schwerpunktsetzungen vor und nehmen rechtliche, konzeptionell-theoretische sowie praxisbezogene Perspektiven ein. Im Fokus steht – auch aufgrund ihrer zunehmenden quantitativen Bedeutung – die Polizeiausbildung mit dem Ziel des gehobenen Vollzugsdienstes, die v. a. an Hochschulen stattfindet.

Den Band eröffnen *Christoph Kopke und Philipp Kuschewski* mit grundsätzlichen Überlegungen zur Relevanz der politischen Bildung für die Polizei. Die Autoren verorten diese auch im Kontext des in den Sicherheitsbehörden dominierenden, jedoch zunehmend auch gesamtgesellschaftlich wirkmächtig werdenden Paradigmas der Prävention. Berichtet werden Aktivitäten und Ergebnisse zweier innovativer Projekte mit dem Titel „Politische Bildung und Polizei", an denen unterschiedliche Kooperationspartner*innen beteiligt waren. Durch verschiedene Formate konnte ein Wissensschafts-Praxis-Transfer erreicht und verstetigt werden.

Der Beitrag von *Hendrik Cremer* betont die Bedeutung von Grund- und Menschenrechten als Grundlage und zentrale Inhalte der Polizeiausbildung. Angehende Beamt*innen müssen ihm zufolge befähigt werden, rassistische und rechtsextreme Positionen und ihren antidemokratischen Gehalt zu erkennen und sie zurückzuweisen. Dies gilt auch dann, wenn sie von Funktionsträger*innen, Mitarbeiter*innen oder Mandatsträger*innen nichtverbotener Parteien geäußert werden. Polizist*innen seien nicht zu einer „Neutralität" im Sinne einer Indifferenz bzw. Äquidistanz zu politischen Positionierungen verpflichtet, vielmehr gebiete es gerade der demokratische Auftrag der Polizei, gegen Rassismus und Rechtsextremismus vorzugehen.

*Marco Gensch* untersucht in seinem Text, inwiefern die politische Bildung in der Ausbildung für staatliche Sicherheitsorgane rechtlich verankert ist. Hierbei werden die Ausbildung zum gehobenen Polizeivollzugsdienst in Berlin sowie die Offiziersausbildung der Bundeswehr verglichen. Eine solide Verankerung sei relevant, da dies zur Akzeptanz der politischen Bildung beitrage. Im Ergebnis zeigt sich, dass die politische Bildung bei der Polizei- und Offiziersausbildung in quantitativer und qualitativer Hinsicht grundsätzlich in ähnlicher Weise und auf einem normativ ausreichenden Niveau rechtlich verankert ist.

Der Beitrag von *Kai E. Schubert* plädiert dafür, Antisemitismus in der Polizeiausbildung als spezifisches Phänomen anzusehen und zu thematisieren. Neben den bekannten traditionellen Ausdrucksformen existierten modernisierte wie insbesondere der israelbezogene Antisemitismus, die regelmäßig Irritationen und Bewertungsprobleme verursachen. Es handele sich um ein komplexes und gesamtgesellschaftliches Phänomen, dessen Bearbeitung sinnvollerweise nicht in der Auseinandersetzung mit (Rechts-)Extremismus oder anderen etablierten Ausbildungsinhalten aufgehen kann, wie beispielhaft gezeigt wird. Berichtet werden Praxiserfahrungen im Rahmen eines innovativen Studienmoduls an der Hochschule für Wirtschaft und Recht Berlin (HWR), aus denen didaktische Empfehlungen für die Polizeiausbildung abgeleitet werden.

Ebenfalls über die Auseinandersetzung der Polizei mit Antisemitismus schreiben *Alexander Lorenz-Milord, Marc Schwietring und Alexander Steder* in ihrem Beitrag. Die Autoren berichten aus der Praxis als Mitarbeiter des innovativen Modellprojekts „Regishut – Sensibilisierung zu Antisemitismus in der Berliner Polizei" über dessen Ziele, Methoden und Beobachtungen: Während des Projekts wurden Unterstützungsbedarfe der Polizei sowie die aktuelle Verankerung des Themas in Aus- und Fortbildung erhoben. Es werden Bildungsmaterialien und -formate entwickelt und im Rahmen von Fortbildungen für unterschiedliche polizeiliche Zielgruppen erprobt. Das Projekt profitiere von einer Einbindung in eine staatliche Gesamtstrategie des Landes Berlin gegen Antisemitismus.

Den Abschluss bildet eine Auswahlbibliografie über politische Bildung und die Polizei, die einen Überblick über Schlüsselwerke und einschlägige Aufsätze aus mehreren inhaltlichen Kategorien bietet.

Der vorliegende Band verfolgt das Ziel, bislang zu wenig beachtete, aber dennoch gesellschaftlich relevante Themen in den Fokus wissenschaftlicher, pädagogischer und behördlicher Arbeit zu rücken. Neben solchen inhaltsbezogenen Aspekten professioneller Arbeit drehen sich politische Debatten in den letzten

Jahren außerdem verstärkt um deren Form, insbesondere die Frage, inwiefern sie die gesellschaftliche Diversität angemessen berücksichtigt und marginalisierte Perspektiven inkludiert. Dies sollte grundsätzlich der Anspruch professioneller öffentlichkeitsbezogener Tätigkeit sein. Der vorliegende Band wird ihm nicht gerecht, insofern die Autoren offenbar aus Perspektiven von Nicht-Betroffenheit in Bezug auf (strukturelle) gesellschaftliche Machtverhältnisse wie u. a. Sexismus, Antisemitismus und Rassismus schreiben. Es muss aber betont werden: „Mit Blick auf die Wahrnehmung von Rassismus lassen sich deutliche Diskrepanzen erkennen, je nachdem, wie Menschen positioniert sind" (Freidooni/Hößl 2021, S. 7), dies gilt analog für weitere Machtbeziehungen. Dass dieser Anspruch mit dem vorliegenden Band nicht befriedigend erfüllt wird, war nicht ursprünglich so konzipiert, ließ sich aber während des Produktionsprozesses vor dem Hintergrund u. a. pandemiebedingter gesellschaftlicher Krisenentwicklungen leider nicht mehr korrigieren. Auch insofern ist der Band als Diskussionsbeitrag (und teilweise -auftakt) zu verstehen und bedarf zukünftig der Ergänzung um weitere Perspektiven.

Ich danke dem Reihenherausgeber Christoph Kopke, der das Entstehen des Bandes angeregt und eng begleitet hat, der Axel-Springer-Stiftung für finanzielle Unterstützung, den Autor*innen, dem Verlag für Polizeiwissenschaft sowie der studentischen Hilfskraft an der HWR Felicia Bayer, die an der Zusammenstellung der Bibliografie mitgewirkt hat.

## Literaturverzeichnis

Arzt, Clemens/Hirschmann, Nathalie/Hunold, Daniela/Lüders, Sven/Meißelbach, Christoph/Schöne, Marschel/Birgitta Sticher (Hg.) (2021): Perspektiven der Polizeiforschung. 1. Nachwuchstagung Empirische Polizeiforschung. Berlin. DOI: https://doi.org/10.4393/opushwr-3370 (Stand v. 6.1.2022).

Behr, Rafael (2020): Dominanzkultur und Gewalt: Das strukturelle Problem der Polizei, in: *Blätter für deutsche und internationale Politik* 65 (10), S. 13–16. URL: https://www.blaetter.de/ausgabe/2020/oktober/dominanzkultur-und-gewalt-das-strukturelle-problem-der-polizei (Stand v. 10.01.2022).

Behrendes, Udo (2020): Wechselbeziehungen zwischen linkem Protest, Polizei und linker Militanz, in: Meinhardt, Anne-Kathrin/Redlich, Birgit (Hg.), Linke Militanz. Pädagogische Arbeit in Theorie und Praxis. Frankfurt am Main, S. 102–126. URL: http://www.linke-militanz.de/data/akten/2020/03/Meinhardt_Redlich_Linke-Militanz-P%C3%A4dagogische-Arbeit-in-Theorie-und-Praxis.pdf (Stand v. 6.1.2022).

Benz, Wolfgang (Hg.) (2021): Querdenken. Protestbewegung zwischen Demokratiever-achtung, Hass und Aufruhr. Berlin.

Botsch, Gideon/Kopke, Christoph (2015): Auf dem Weg, aber nicht am Ziel. Brandenburg und die Abwehr von Rechtsextremismus und Rassismus, in: Opferperspektive e. V. (Hg.), Rassistische Diskriminierung und rechte Gewalt. An der Seite der Betroffenen beraten, informieren, intervenieren. Münster, S. 341–349.

Botsch, Gideon/Kopke, Christoph (2011): Grenzen setzen: Das „Brandenburger Modell" der Abwehr des Rechtsextremismus, in: Kopke, Christoph (Hg.), Die Grenzen der Toleranz. Rechtsextremes Milieu und demokratische Gesellschaft in Brandenburg. Bilanz und Perspektiven. Potsdam, S. 183–206. URL: https://publishup.uni-potsdam. de/opus4-ubp/frontdoor/deliver/index/docId/4892/file/kopke_grenzen.pdf (Stand v. 6.1.2022).

Cremer, Hendrik/Töpfer, Eric (2019): „Racial Profiling" aus grund- und menschenrecht-licher Perspektive, in: Kugelmann, Dieter (Hg.), Polizei und Menschenrechte (Schrif-tenreihe der Bundeszentrale für politische Bildung; Bd. 10451). Bonn, S. 366–371.

End, Markus (2019): Antiziganismus und Polizei. Heidelberg. URL: https://zentralrat. sintiundroma.de/download/9262 (Stand v. 6.1.2022).

Fereidooni, Karim/Hößl, Stefan E. (2021): Rassismuskritische Bildungsarbeit und die Unmöglichkeit eines pädagogisch-didaktischen ‚Königsweges'. Eine Hinführung, in: dies. (Hg.), Rassismuskritische Bildungsarbeit. Reflexionen zu Theorie und Praxis. Frankfurt am Main, S. 7–12.

Gebhardt, Richard (2021): „Einzeltäter"? Zur Diskussion über einen zentralen Aspekt des aktuellen Rechtsextremismus, in: Baum, Markus/Breidung, Julia Maria/Spets-mann-Kunkel, Martin (Hg.), Rechte Verhältnisse in Hochschule und Gesellschaft. Rassismus, Rechtspopulismus und extreme Rechte zum Thema machen. Leverkusen (Schriften der Katholischen Hochschule Nordrhein-Westfalen; Bd. 35), S. 49–60.

Hummel, Klaus/Rieck, Andreas (2020): Salafismus, Islamismus und islamistischer Ter-rorismus, in: Ben Slama, Brahim/Kemmesies, Uwe (Hg.), Handbuch Extremismus-prävention. Gesamtgesellschaftlich. phänomenübergreifend (Polizei + Forschung; Bd. 54). Wiesbaden, S. 87–112. URL: https://www.bka.de/SharedDocs/Downloads/ DE/Publikationen/Publikationsreihen/PolizeiUndForschung/1_54_HandbuchEx-tremismuspraevention.pdf;jsessionid=FCAF88A0A0697149F1F37FAB47274D20. live301?__blob=publicationFile&v=12 (Stand v. 6.1.2022).

Hunold, Daniela/Wegner, Maren (2020): Rassismus und Polizei: Zum Stand der Forschung, in: *Aus Politik und Zeitgeschichte* 70 (42–44), S. 27–32. URL: https://www.bpb.de/apuz/ antirassismus-2020/316766/rassismus-und-polizei-zum-stand-der-forschung.

Jasch, Michael (2019): Kritische Lehre und Forschung in der Polizeiausbildung, in: Howe, Christiane/Ostermeier, Lars (Hg.), Polizei und Gesellschaft. Transdisziplinäre Pers-pektiven zu Methoden, Theorie und Empirie reflexiver Polizeiforschung. Wiesbaden, S. 231–250.

Kempen, Aiko (2021): Auf dem rechten Weg? Rassisten und Neonazis in der deutschen Polizei. München.

Kleffner, Heike/Meisner, Matthias (Hg.) (2021): Fehlender Mindestabstand. Die Coronakrise und die Netzwerke der Demokratiefeinde. Freiburg.

Kopke, Christoph (2021): Vorkommnisse, Vorfälle, Einzelfälle? Rechtsextremismus und rechte Einstellungen in der Polizei, in: *Politikum* 7 (4), S. 34–37.

Kopke, Christoph (2020): „Dass Rechtsextremismus und Rechtsterrorismus in ihrer Gefährlichkeit nicht unterschätzt werden" oder: Ergebnisse und Konsequenzen für die Polizei aus dem NSU-Desaster, in: ders. (Hg.), Nach dem NSU. Ergebnisse und Konsequenzen für die Polizei (Polizei – Geschichte – Gesellschaft; Bd. 1). Frankfurt am Main, S. 9–16.

Kopke, Christoph (2019): Polizei und Rechtsextremismus, in: *Aus Politik und Zeitgeschichte* 69 (21–23), S. 36–42. URL: https://www.bpb.de/apuz/291189/polizei-und-rechtsextremismus?p=all#fr-footnode38 (Stand v. 6.1.2022).

Liebscher, Doris (2021): Mehr Rassismus(selbst)kritik in der juristischen Ausbildung. Ein Plädoyer, in: *Politikum* 7 (4), S. 44–49.

Meisner, Matthias/Kleffner, Heike (Hg.) (2019): Extreme Sicherheit. Rechtsradikale in Polizei, Verfassungsschutz, Bundeswehr und Justiz. Freiburg.

Quent, Matthias (2019): (Nicht Mehr) Warten auf den „Tag X". Ziele und Gefahrenpotenzial des Rechtsterrorismus, in: *Aus Politik und Zeitgeschichte* 69 (49–50), S. 27–32. URL: https://www.bpb.de/apuz/301136/nicht-mehr-warten-auf-den-tag-x-ziele-und-gefahrenpotenzial-des-rechtsterrorismus (Stand v. 6.1.2022).

Salzborn, Samuel (²2015): Rechtsextremismus: Erscheinungsformen und Erklärungsansätze (Schriftenreihe der Bundeszentrale für politische Bildung; Bd. 1623). Bonn.

Schultz, Tanjev (2021): Dein Freund, dein Feind? Zur Wahrnehmung der Polizei in der Mediengesellschaft. URL: https://www.bpb.de/themen/innere-sicherheit/dossier-innere-sicherheit/335489/dein-freund-dein-feind/ (Stand v. 04.04.2022).

Teune, Simon/Ullrich, Peter/Knopp, Philipp (2018): Eskalation – Dynamiken der Gewalt im Kontext der G20-Proteste in Hamburg 2017. Berlin. URL: https://depositonce.tu-berlin.de/bitstream/11303/8176/3/Eskalation_Hamburg2017.pdf (Stand v. 6.1.2022).

Zajak, Sabrina; Sommer, Moritz; Steinhilper, Elias (2021): Black Lives Matter in Europa – Antirassistischer Protest in Deutschland, Italien, Dänemark und Polen im Vergleich, in: *Forschungsjournal Soziale Bewegungen* 34 (2), S. 319–325.

*Christoph Kopke; Philipp Kuschewski*

# Politische Bildung, Polizei und die Frage der Prävention[1]

Politische Bildung wird regelmäßig – vor allem auch mit Blick auf die Polizei – unter dem Diktum der Prävention diskutiert. Vertreter*innen aus Politik, Wissenschaft, Zivilgesellschaft oder der Polizei selbst fordern diesbezüglich – auch jenseits des „NSU-Skandals" und befördert durch tatsächliche oder vermeintliche rechtsextreme Erscheinungsformen oder rassistische Vorfälle in deutschen Polizeibehörden – immer wieder eine Weiterentwicklung der polizeilichen Aus- und Fortbildung ein. An dieser Zielrichtung orientierten sich in den letzten Jahren insbesondere auch zwei bundesweit ausgerichtete und aufeinander aufbauende Projekte unter dem Titel „Politische Bildung und Polizei", welche nachfolgend kurz vorgestellt werden sollen.

Zunächst werden jedoch einleitende Überlegungen zur Relevanz politischer Bildung für die Zielgruppe Polizei angestellt (Kapitel 1). Hieran anknüpfend werden sodann die genannten Projekte thematisiert (Kapitel 2). Die Ausführungen bilden den Hintergrund für eine Ausdifferenzierung des Präventionsbegriffs und dessen Verortung im polizeilichen Bildungskontext (Kapitel 3). Abschließend werden dann die präventiven Möglichkeiten und Grenzen der politischen Bildungsarbeit ausgelotet (Kapitel 4).

## Warum braucht die Polizei politische Bildung?

Angesichts einer zunehmend komplizierter und komplexer erscheinenden Welt steigen die Anforderungen an die Arbeit der Polizei. Unklare Grenzen zwischen innerer und äußerer Sicherheit, Auswirkungen von Globalisierung und internationalen Migrationsbewegungen oder aktuelle Phänomene politisch motivierter Kriminalität stellen – neben weiteren Faktoren – polizeiliches Handeln vor neue und vielschichtige Herausforderungen. Als Vertreter*innen des staatlichen Gewaltmonopols obliegt Polizeibeamt*innen nicht zuletzt eine besondere und übergeordnete Verantwortung für den Schutz der freiheitlichen demokratischen Grundordnung.

---

[1]  Überarbeitete und aktualisierte Fassung unseres Beitrages Kopke/Kuschewski (2021), der unsere Ausführungen auf dem 24. Deutschen Präventionstag im Mai 2019 wiedergibt.

Angesichts dieser Gemengelage ist die Vermittlung rechtlicher und polizei-fachlicher (Einsatzlehre, Kriminalistik etc.) Kenntnisse im Rahmen der Aus- und Fortbildung allenfalls eine notwendige Bedingung zur Erfüllung des po-lizeilichen Auftrags. Zudem benötigen Polizeivollzugsbedienstete umfassende allgemeine und politische Bildung, welche hilft sie zu befähigen, Einsatz-anlässe kritisch-reflektiert in ihrem politisch-sozialen Kontext zu verstehen, Urteilsfähigkeit zu entwickeln und die Menschenwürde achtend im Sinne der freiheitlich-demokratischen Grundordnung zu agieren. Im Hinblick auf ihren Arbeitsalltag sollten die Beamt*innen demnach beispielsweise wissen, welche Bedeutung Menschenrechte im Polizei-Bürger-Verhältnis haben, wie ein freiheitlich-demokratischer Rechtsstaat funktioniert und welche Rolle die Polizei in diesem hat. Sie sollten die gesellschaftspolitische Dimension von Einsätzen – zum Beispiel rund um Angriffe auf Flüchtlingsunterkünfte – ken-nen und den Einsatzkräften sollte bekannt sein, wie etwa zwischen „norma-ler" und „politisch motivierter" Kriminalität differenziert werden kann. Sie müssen für ihre Einsätze zum Beispiel im Kontext von politischen Demons-trationen einerseits Kenntnisse über die Ziele der Demonstrant*innen und ggf. Gegendemonstrant*innen haben. Andererseits sollten Polizist*innen für sich auch erkennen, dass etwa polizeiliche Maßnahmen zur Gewährleistung der ungehinderten Durchführung rechtsextrem motivierter Demonstrationen insgesamt kein Bekenntnis zu den Demonstrationszielen darstellen, sondern hier der Schutz der Ausübung der Grundrechte auf Meinungsfreiheit und De-monstration angesprochen ist (vgl. Frevel 2019, S. 13f.).

Vor diesem Hintergrund ist hinsichtlich der polizeilichen Aus- und Fort-bildung insgesamt ein weiter Begriff politischer Bildung zugrunde zu legen, der fächer- bzw. disziplinübergreifend ausgerichtet ist und Bezüge zum Bei-spiel zu den Fächern Politikwissenschaft, Soziologie, Psychologie, Berufsethik und Rechtswissenschaften, aber auch Kriminologie und Einsatzlehre aufweist. Dabei geht es immer auch um Professionalität (vgl. Groß/Schmidt 2011), „Cop Culture" (vgl. Behr 2008) und letztlich um Demokratie bzw. das Leitbild einer „Bürgerpolizei, die sich als Dienstleister versteht, Kundenbedürfnissen Rech-nung trägt und ihre Arbeit umfassend begründet" (Jaschke 2006, S. 150). Entsprechend kann politische Bildung in der Polizei die „Entwicklung eines demokratischen Selbstbildes und damit insgesamt den Demokratisierungs-prozess in der Polizei" (Schulte 2006, S. 295) unterstützen.

Während die Polizeien des Bundes und der Länder in ihrer Gesamtheit in diesem Sinne verantwortungsvoll agieren, gibt es gleichwohl „immer wieder

Belege dafür, dass einzelne Polizeibeamte Menschenrechte verletzen. Dies geschieht etwa durch ungerechtfertigte Angriffe auf die körperliche Unversehrtheit oder auf die Freiheit, durch rassistisches und diskriminierendes Verhalten" (Schicht 2007, S. 8). Stereotype Denkmuster können z. B. in verdachtsunabhängigen Kontrollen (Racial oder Ethnic Profiling) zum Ausdruck kommen, die häufiger Personen treffen, welche äußerliche Merkmale aufweisen, die bestehende Vorurteile in der Polizei bedienen (vgl. Hunold 2009, S. 31). Eng verbunden mit der kritischen Diskussion um Racial bzw. Ethnic Profiling ist der Vorwurf der Existenz eines „institutionellen" bzw. „strukturellen" Rassismus in den Polizeibehörden. Eine Reihe von Veröffentlichungen zu Racial Profiling und institutionellem Rassismus widmen sich kritisch der polizeilichen Praxis. In ihren Analysen gehen die Autor*innen einem strukturellen Rassismus nach, der aufgrund gesamtgesellschaftlicher Zustände in den Institutionen „eingeschrieben ist, also sich in deren Praxen und Anordnungen systematisch organisiert" (vgl. Friedrich/Mohrfeldt 2013, S. 197). Und nicht zuletzt verweisen die in den letzten Jahren vermehrt erschienenen Medienberichte über angeblichen bzw. tatsächlichen Rechtsextremismus innerhalb deutscher Polizeibehörden auf die Notwendigkeit historisch-politischer Bildung für die bzw. in der Polizei (vgl. Kopke 2019). So sehen sich einzelne Behörden mit Fällen konfrontiert, in denen Polizist*innen offen mit der vom Verfassungsschutz beobachteten „Reichsbürger"-Szene sympathisieren (vgl. Osel/Köpf 2019) oder ihnen vorgeworfen wird, menschenverachtende Posts in sozialen Medien veröffentlicht zu haben (vgl. O.A. 2015, O.A. 2018). Einzelne Polizeiangehörige zweigten Waffen ab, um sich für einen Umsturz („Tag X") zu wappnen (vgl. u. a. Kempen 2021a, S. 52–66, Steffenhagen 2020). Hingewiesen wurde auf mögliche Verstrickungen einzelner Polizeiangehöriger im Zusammenhang mit dem Auftreten einer Gruppe namens „NSU – Nationalsozialistischer Untergrund – 2.0" (vgl. Steinke 2019). In jüngster Zeit haben sich zudem ehemalige und aktive Polizeiangehörige an Demonstrationen der verschwörungsoffenen Pandemieleugner*innen-Szene beteiligt, zum Teil auch als Redner (Kempen 2021b).

Dabei wurden gerade hinsichtlich der polizeilichen Ermittlungen zur rechtsextremistisch motivierten Mordserie des NSU zwischen 2000 und 2007 Fehler und Unzulänglichkeiten deutlich, die von parlamentarischen Untersuchungsausschüssen mehrerer Landtage und des Bundestages klar benannt wurden. So werden viele Versäumnisse im Verlauf der Taten auf Unkenntnis und Vorurteilsstrukturen innerhalb der zuständigen Sicherheitsbehörden zurückgeführt, woraus sich für den NSU-Untersuchungsausschuss des Deutschen Bundestages unter anderem einschlägige Forderungen nach Optimierungen mit Bezügen zur politischen Aus- und Fortbildungsarbeit der Polizei ergeben (vgl. BT-Drs. 17/14600, S. 861f.). Explizit stellt der Abschlussbericht beispielsweise fest, dass die Reflexion der eigenen Arbeit und der Umgang mit Fehlern Gegenstand der polizeilichen Aus- und Fortbildung werden sollte, interkulturelle Kompetenz ein fester und verpflichtender Bestandteil der Polizeiausbildung sein müsse, die Umsetzung der Aus- und Fortbildungsziele in der Praxis kontinuierlich überprüft werden müsse, Ermittlungen zu Fällen, die der Untersuchungsausschuss beleuchtet hat, in der Aus- und Fortbildung für Polizist*innen aller Laufbahnen in Bund und Ländern in geeigneter Weise behandelt werden sollten und in die Aus- und Fortbildung auch die Wissenschaft und zivilgesellschaftliche Organisationen einbezogen werden sollten.[2]

Die Relevanz politischer Bildung für die Zielgruppe Polizei ist somit evident und entsprechende Inhalte werden in der Bildungspraxis auch adressiert. Gleichwohl veranschaulichen und begründen die skizzierten Entwicklungen den Bedarf nach einem steten Ausbau und einer kontinuierlichen Optimierung von Angeboten politischer Bildung für die Polizei.

## „Politische Bildung und Polizei" – Zwei Projekte im Kurzportrait

Angesichts der oben dargelegten Hintergründe und Rahmenbedingungen hatten die Bundeszentrale für politische Bildung (bpb), die Deutsche Hochschule der Polizei (DHPol) sowie die Hochschule für Polizei und öffentliche Verwaltung des Landes NRW (HSPV NRW)[3] das von der bpb geförderte Kooperationsprojekt „Politische Bildung und Polizei" ins Leben gerufen, welches am 1. August 2016 startete und zum 28. Februar 2019 auslief. Die zentralen Ziele bestanden in der Analyse der Angebots- und Bedarfsstruktur zur politischen Bildung bei den Polizeien des Bundes und der Länder sowie der konzeptionellen (Weiter-)Entwicklung praxistauglicher Bildungsangebote (Seminare, Workshops, Trainings etc.) für die Polizei in Kooperation mit polizeilichen und nichtpolizeilichen Expert*innen.

---

[2]    Siehe hierzu bspw. auch Frevel/Sturm (2015) und Kopke (2020).
[3]    Bis zum Jahresende 2019: Fachhochschule für öffentliche Verwaltung des Landes NRW.

Der Fokus des Projekts lag auf verschiedenen polizeilichen Bildungskontexten, wobei hier zwischen der Ausbildung für den mittleren Dienst und dem Studium für den gehobenen Dienst an Polizeiakademien, Polizeihochschulen oder Fachhochschulen für den öffentlichen Dienst mit Bachelor- oder Diplom-Abschluss zu differenzieren ist. Weiterhin besteht die Fortbildung, die als zentrales Angebot in spezifischen Fortbildungsstätten der Polizei und als dezentrale Fortbildung in Polizeibehörden vor Ort vorgehalten oder von externen Bildungsanbieter*innen unterbreitet wird. Diese externen Anbieter*innen sind teilweise polizeinah (wie die Polizeigewerkschaften) oder es sind Träger*innen der politischen Bildung, die mit Seminaren spezifisch Polizist*innen adressieren oder aber ihre Veranstaltungen für diese geöffnet haben.

Für die Durchführung des Projekts wurde an der DHPol die „Koordinierungsstelle Politische Bildung und Polizei" eingerichtet, begleitet wurden die Arbeiten von einem interdisziplinär zusammengesetzten Projektbeirat.[4] Dessen Mitglieder ermöglichten insbesondere den Zugang zur Polizei sowie zu polizeilichen und nichtpolizeilichen Bildungsanbieter*innen, sie reflektierten den Arbeitsprozess vor dem Hintergrund ihrer Expertise oder unterstützten die Distribution der Ergebnisse. Letztere wurden in Publikationen[5] sowie auf Fachtagungen und Konferenzen (vgl. Frevel 2018) präsentiert und diskutiert. Der Aufbau einer Datenbank „Politische Bildung und Polizei"[6] im Online-Angebot der bpb ermöglicht Lehrenden an polizeilichen Bildungseinrichtungen, Multiplikator*innen, interessierten Polizeibeamt*innen oder nichtpolizeilichen politischen Bildner*innen eine Zugriffsmöglichkeit auf eine breite Informationspalette zu Bildungskonzepten und -materialien hinsichtlich der Themenfelder „Polizei, Staat und Gesellschaft", „Politischer Extremismus", „Gruppenbezogene Menschenfeindlichkeit", „Menschenrechtsbildung" sowie „Historisch-politische Bildung". Interessierte können hier zielgruppen-, for-

---

[4]   Hier waren neben Vertreter*innen von DHPol und HSPV NRW eine Reihe weiterer polizeilicher und nichtpolizeilicher Akteur*innen von Bildungseinrichtungen, Vereinen oder Universitäten vertreten.

[5]   Vgl. https://www.dhpol.de/die_hochschule/sonderaufgaben/publikationen-kost_polbip.php (abgerufen am 25.11.2021).

[6]   Die Datenbank kann über die Startseite des Onlineangebots der bpb unter der Rubrik „Lernen" eingesehen werden: http://www.bpb.de/lernen/projekte/271771/datenbank-politische-bildung-und-polizei (abgerufen am 25.11.2021).

mat- und/oder zeitspezifisch nach passenden Angeboten recherchieren und diese dann innerhalb der Aus- bzw. Fortbildung nutzen bzw. wahrnehmen oder eigene Angebote für die Aufnahme in die Datenbank vorschlagen.

Das Projekt hatte bei polizeilichen sowie nichtpolizeilichen Bildungsträger*innen und Lehrenden großes Interesse und Nachfrage nach weiteren Informationen und Materialien sowie Möglichkeiten des überfachlichen Austauschs zu Bildungsinhalten, Didaktik und Methodik geweckt. Diese Aspekte wurden seit dem 1. März 2019 im Folgeprojekt „Politische Bildung und Polizei 2" aufgegriffen. Partner*innen des Projekts waren die DHPol und die HSPV NRW. Die Arbeiten waren auf 34 Monate bis zum Jahresende 2021 angelegt und wurden – unter Beibehaltung der an der DHPol angesiedelten Koordinierungsstelle – auf Basis einer Modellprojektförderung der bpb durchgeführt. Flankiert wurden die Arbeiten von dem eigens eingerichteten „Arbeitskreis Politische Bildung und Polizei", welcher sich aus Vertreter*innen der Projektpartner*innen, Polizei, Wissenschaft und Zivilgesellschaft zusammensetzt. Der Arbeitskreis soll die Beschäftigung mit der Thematik (die bis dato in Form des erwähnten Projektbeirates organisiert war) auch über das Ende der Projektlaufzeit hinaus verstetigen und die nachfolgend beschriebenen Aufgabenfelder weiterhin bearbeiten.

Das zweite Projekt knüpfte zwar namentlich und inhaltlich an das Vorgängerprojekt an, behandelte jedoch vor dem Hintergrund der vorliegenden Erkenntnisse und Ergebnisse thematisch weiterführende Aspekte. Die Innovationsschwerpunkte des Modellprojekts bestanden darin,

- Kooperationen zwischen polizeilichen und nichtpolizeilichen Akteur*innen der politischen Bildung zu stärken;
- Dialogformate für den inhaltlich-fachlichen sowie methodisch-didaktischen Austausch zu installieren;
- Unterstützung bei der Entwicklung und Verbreitung von Angeboten der polizeilich-politischen Bildung zu leisten.

Entlang der bereits erwähnten Themenfelder „Polizei, Staat und Gesellschaft", „Politischer Extremismus", „Gruppenbezogene Menschenfeindlichkeit", „Menschenrechtsbildung" und „Historisch-politische Bildung" realisierte das Projekt für polizeiliche (Behörden, Bildungseinrichtungen, Angehörige aller Laufbahngruppen, Lehrende der Aus- und Fortbildung etc.) und nichtpolizeiliche (Akteur*innen aus Wissenschaft, Zivilgesellschaft und Politischer Bildung) Zielgruppen insbesondere folgende Angebote:

- Tagungen („Foren") für den interdisziplinären Austausch zu Fragen der polizeilich-politischen Bildung in Kooperation mit polizeilichen und nichtpolizeilichen Partner*innen: Neben „größeren" Gesprächsforen, die einen thematischen Schwerpunkt setzen, war dies zudem ein „kleineres" Fachforum. Hier standen methodisch-didaktische Aspekte der konkreten polizeilichen Bildungsarbeit im Fokus.[7] Die Tagungsreihe soll künftig durch den Arbeitskreis „Politische Bildung und Polizei" fortgeführt werden.
- Zeitschriftenreihe „Forum Politische Bildung und Polizei": Die Zeitschrift dokumentiert die im Rahmen des Projekts durchgeführten Tagungen („Foren") und soll auch zukünftig aktuelle Fragen zur politischen Aus- und Fortbildung thematisieren. Sie greift dabei interdisziplinäre sowie interorganisationale Aspekte und Potenziale der polizeilich-politischen Bildungsarbeit auf.
- Podcast „Fokus Rechtsextremismus. Themen für die polizeiliche Bildungsarbeit": Hier sprechen Expert*innen aus Polizei, Wissenschaft, Zivilgesellschaft und politischer Bildung darüber, was politische Bildung zur Stärkung polizeilicher Kompetenzen im Bereich der Bekämpfung von „Rechtsextremismus" leisten kann. In den zehn Folgen wird auch an Debatten um Rassismus und Extremismus in der Polizei angeknüpft.[8]

### Prävention und (polizeilich-)politische Bildung

Der Präventionsbegriff wird gemeinhin in Form der Wendung „Vorbeugen ist besser als Heilen" auf seinen Kerninhalt gebracht. Analog dazu zeichnen sich alle gängigen Präventionskonzepte durch die Vorstellung aus, negativen Er-

---

[7] Kooperationspartner*innen und Tagungsthemen waren (1.) die KZ-Gedenkstätte Neuengamme zum Gesprächsforum „Polizei und historisch-politische Bildungsarbeit an Geschichtsorten und Gedenkstätten" (November 2019), (2.) das Bundespolizeiaus- und -fortbildungszentrum Swisttal zum Fachforum „Entwicklung von Menschenrechtsbewusstsein im Kontext der polizeilichen Aus- und Fortbildung" (Februar 2020) und (3.) die Hochschule der Polizei Rheinland-Pfalz zum Gesprächsforum „(Un-)Soziale Medien, Desinformation und Verschwörungsdenken – Politische Bildung und Polizei in unübersichtlichen Zeiten" (September 2021). Ein für September 2020 mit dem Bayerischen Bündnis für Toleranz, Demokratie und Menschenwürde schützen zum Thema „Rechtsextremismus und -terrorismus als Themen politischer Bildung in der Polizei" geplantes Gesprächsforum ist aufgrund der Corona-Pandemie ausgefallen.

[8] Der Podcast ist im Onlineangebot der DHPol hinterlegt: https://www.dhpol.de/die_hochschule/sonderaufgaben/podcast.php (abgerufen am 25.11.2021).

eignissen oder Entwicklungen mit spezifisch geeigneten Maßnahmen zuvorkommen zu können (vgl. Ceylan/Kiefer 2018, S.18). Neben seiner Bedeutung für die Medizin, Psychologie oder Kriminologie spielt der Begriff zunehmend auch in pädagogischen Kontexten eine Rolle (vgl. Johansson 2012, S.2). Folglich kann sich auch die politische Bildung etwa hinsichtlich der Thematisierung von Extremismus, Radikalisierung und Gewalt präventiven Fragestellungen grundsätzlich nicht entziehen (vgl. Hafeneger 2019).

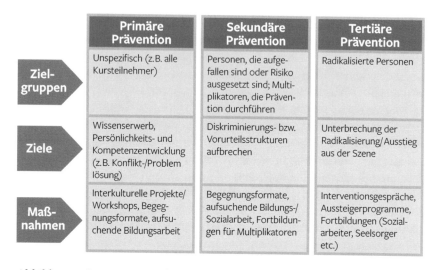

| | **Primäre Prävention** | **Sekundäre Prävention** | **Tertiäre Prävention** |
|---|---|---|---|
| **Zielgruppen** | Unspezifisch (z.B. alle Kursteilnehmer) | Personen, die aufgefallen sind oder Risiko ausgesetzt sind; Multiplikatoren, die Prävention durchführen | Radikalisierte Personen |
| **Ziele** | Wissenserwerb, Persönlichkeits- und Kompetenzentwicklung (z.B. Konflikt-/Problem lösung) | Diskriminierungs- bzw. Vorurteilsstrukturen aufbrechen | Unterbrechung der Radikalisierung/Ausstieg aus der Szene |
| **Maßnahmen** | Interkulturelle Projekte/ Workshops, Begegnungsformate, aufsuchende Bildungsarbeit | Begegnungsformate, aufsuchende Bildungs-/ Sozialarbeit, Fortbildungen für Multiplikatoren | Interventionsgespräche, Aussteigerprogramme, Fortbildungen (Sozialarbeiter, Seelsorger etc.) |

Abbildung 1: Prävention und Bildung – Drei grundsätzliche Ebenen
Eigene Darstellung. Nach: Ceylan/Kiefer (2018), Goertz (2019), Wangler (2019).

Prävention ist ein vielschichtiger Begriff (vgl. Abbildung 1). Im Hinblick auf Fragen extremistischer Radikalisierung wird diesbezüglich regelmäßig zwischen primärer, sekundärer und tertiärer Prävention unterschieden (vgl. Ceylan/Kiefer 2018, S. 64ff.; Goertz 2019, S.181f.; Wangler 2019, S. 207ff.):
- **Primärprävention:** Auf dem Feld der Primärprävention sind Maßnahmen einschlägig, welche über extremistische Ideologien aufklären und zur eigenständigen Urteilsbildung befähigen sollen. Konkret geht es dabei – beispielsweise im Rahmen demokratiefördernder und interkultureller Projekte oder Workshops – um das Erwerben und den Ausbau von Fähigkeiten, welche Einzelne in die Lage versetzen, Konflikte und komplexe Probleme rational

und emotional zu bewältigen. Die Maßnahmen richten sich hier nicht an eine spezifische Zielgruppe. Vielmehr sind grundsätzlich alle gesellschaftlichen Gruppen bzw. Individuen im Wirkungsbereich der Präventionsmaßnahmen angesprochen. Aufgrund der fehlenden Zielgruppenspezifik wird hier auch die Bezeichnung „universelle Prävention" genutzt.

- **Sekundärprävention:** Hinsichtlich der Sekundärprävention wird auch von „selektiver Prävention" gesprochen, da sich hier einschlägige Maßnahmen an spezifische Personen(-gruppen) wenden. Diese weisen bereits bestimmte Risikofaktoren einer Radikalisierung auf, indem sie etwa ein Interesse an Personen, literarischen Werken, Online-Inhalten etc. erkennen lassen, die extremistische Einstellungen und Haltungen propagieren. Hinsichtlich möglicher Präventionsmaßnahmen kann zwischen direkten und indirekten Maßnahmen differenziert werden, wobei mit Blick auf die direkten Maßnahmen unmittelbar mit betroffenen Personen zusammengearbeitet wird. Demgegenüber richten sich Maßnahmen der indirekten Prävention zunächst an Multiplikator*innen (Lehrer*innen, Sozialarbeiter*innen, Verwandte etc.), welche dann für die Umsetzung direkter Präventionsarbeit verantwortlich sind. Ansonsten sind im Bereich der sekundären Prävention grundsätzlich ähnliche Maßnahmen wie bei der Primärprävention einschlägig, jedoch legen diese hier – etwa in der Gestalt von Begegnungsformaten – einen stärkeren Wert auf die Erfahrungsorientierung.

- **Tertiärprävention:** Maßnahmen der tertiären (oder auch indizierten) Prävention nehmen bereits radikalisierte Einzelpersonen in den Blick. Diese werden regelmäßig als Bestandteile von Aussteigerprogrammen aus extremistischen Szenen umgesetzt und reichen von der Hilfe bei Behördengängen über die Unterstützung beim Nachholen von Schulabschlüssen bis hin zu Hilfeleistungen bei der Arbeitsplatzsuche. Die intendierten Veränderungen haben letztlich die Deradikalisierung der betreffenden Person zum Ziel und entsprechend müssen die Maßnahmen in der Regel individuell zugeschnitten und auf mehrere Jahre angelegt sein. Bei dieser Art der Prävention kann Bildungsarbeit alleine rasch an ihre Grenzen stoßen, weswegen es hier personenabhängig durchaus auch der therapeutischen Unterstützung bedarf.

Angesichts dieser Dreiteilung weist politische Bildung für die Zielgruppe Polizei unter Präventionsgesichtspunkten – beispielsweise hinsichtlich der Behandlung des Themas „Fremdenfeindlichkeit in der Polizei" innerhalb der Aus- und Fortbildung (vgl. Ahlheim/Heger 1996) – vornehmlich Bezüge zur

Primärprävention auf. „Formate der primären Prävention arbeiten zumeist nicht mit negativen Problembeschreibungen oder Defizitlagen. Sie folgen daher nicht zwingend einer Verhinderungslogik, die zu einer negativen Markierung der Teilnehmenden führen kann" (Ceylan/Kiefer 2019, S. 64). Gleichwohl deuten Untersuchungen gerade darauf hin, dass etwa die Behandlung des Themas „Fremdenfeindlichkeit in der Polizei" insofern nicht unproblematisch ist, als dass bei den Teilnehmenden immer wieder die Befürchtung zu spüren sei, alleine durch die Teilnahme an entsprechenden Veranstaltungen stigmatisiert zu werden (vgl. Schulte 2003, S. 216).

Umso wichtiger erscheint es dafür zu sensibilisieren, politische Bildung sowohl insgesamt, als insbesondere auch im Hinblick auf die polizeiliche Bildungsarbeit, nicht verkürzt als Präventionsinstrument misszuverstehen, wenngleich Prävention „durchaus ein Aspekt ihres pädagogischen Handelns ist" (Hafeneger 2019, S. 25). Politische Bildung will *nicht* unter Generalverdacht stellen und potentielle Defizite markieren und folgt insofern *zwingend* einer Gestaltungs- und keiner Verhinderungslogik. „Politische Bildung ist keine defensiv ausgerichtete Verhinderungspädagogik, und sie ist mehr als primäre bzw. universelle Prävention, ‚Feuerwehr' und ‚Reparaturbetrieb'. Sie darf sich nicht instrumentalisieren und auf Prävention verengen lassen" (ebd., S. 24). Mit Blick auf die Polizei geht es ihr grundsätzlich um die Förderung einer positiven Grundhaltung zur parlamentarischen, pluralistischen und wertgebundenen Demokratie und einer inneren Überzeugung zu Achtung, Schutz und Gewährleistung der Menschenrechte. Eine so geprägte Haltung fördert die soziale und persönliche Kompetenz von Polizist*innen in ihrem Handeln in häufig konflikthaften Situationen in einer komplexen Gesellschaft (vgl. Frevel 2019, S. 22f.).

Demnach sollte sich politische Bildung nicht in der reinen Vermittlung von „Wissen" (im Sinne klassischer „Staatsbürgerkunde") erschöpfen. Das Ziel der Befähigung zu sicherem polizeilichen „Handeln" im Lichte des Metaziels „Haltung" verlangt vielmehr zusätzlich nach einem „Verstehen" der spezifischen Kontexte (politisch, sozial, wirtschaftlich etc.), in welche die einzelnen Handlungen der Beamt*innen eingebunden sind. Maßnahmen der politischen Bildung in der Polizei nehmen daran anlehnend insgesamt neben der persönlichen und sozialen Kompetenz auch die Bereiche der Fach- und Methodenkompetenz ins Visier (vgl. Abbildung 2).

Ein Blick in die polizeilichen Bildungspläne zeigt, dass Aspekte des politischen Extremismus, der Demokratie, Menschenrechte oder historisch-politischen Bildung im Rahmen der polizeilichen Ausbildung aus mehreren fach-

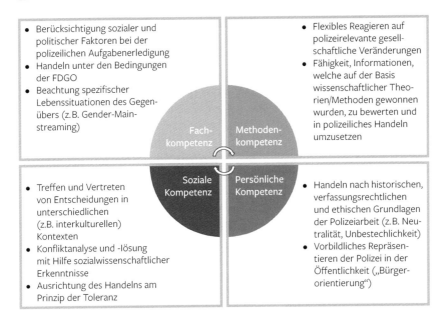

- Berücksichtigung sozialer und politischer Faktoren bei der polizeilichen Aufgabenerledigung
- Handeln unter den Bedingungen der FDGO
- Beachtung spezifischer Lebenssituationen des Gegenübers (z.B. Gender-Mainstreaming)

**Fachkompetenz**

**Methodenkompetenz**

- Flexibles Reagieren auf polizeirelevante gesellschaftliche Veränderungen
- Fähigkeit, Informationen, welche auf der Basis wissenschaftlicher Theorien/Methoden gewonnen wurden, zu bewerten und in polizeiliches Handeln umzusetzen

**Soziale Kompetenz**

**Persönliche Kompetenz**

- Treffen und Vertreten von Entscheidungen in unterschiedlichen (z.B. interkulturellen) Kontexten
- Konfliktanalyse und -lösung mit Hilfe sozialwissenschaftlicher Erkenntnisse
- Ausrichtung des Handelns am Prinzip der Toleranz

- Handeln nach historischen, verfassungsrechtlichen und ethischen Grundlagen der Polizeiarbeit (z.B. Neutralität, Unbestechlichkeit)
- Vorbildliches Repräsentieren der Polizei in der Öffentlichkeit („Bürgerorientierung")

Abbildung 2: Polizeiliche Kompetenzbereiche
Eigene Darstellung. Nach: NI (2016), NW (2016), ST (2016).

lichen Perspektiven behandelt werden (vgl. Frevel/Kuschewski 2017, S.175ff.). Was Gensch (2018, S.7; vgl. ders. i.d.B.) stellvertretend für Berlin herausarbeitet, gilt somit generell für alle Polizeibehörden: Sie bieten „ihren Anwärtern in der Ausbildungszeit Politische Bildung als verpflichtenden Lernstoff an." Bis auf wenige Länder wird die politische Bildung sowohl in einem eigenständigen Fach „Politische Bildung" oder – insbesondere an den Polizeihochschulen – „Politikwissenschaft" angesiedelt und zudem als Querschnittsthema bei spezifischen Problemstellungen auch in anderen Sozial- und Geisteswissenschaften (insbes. Soziologie und Ethik), beim Staatsrecht oder im engeren Sinn polizeifachlichen Disziplinen wie Kriminalistik, Kriminologie, aber auch Einsatzlehre berücksichtigt. Dies betont zwar die übergeordnete Bedeutung der entsprechenden Inhalte, jedoch ist deren konkrete Thematisierung dann eher multi- und noch zu wenig interdisziplinär (vgl. Frevel 2019, S.25). Hier wäre zudem – im Sinne einer ganzheitlichen Berücksichtigung der Bildungsziele „Wissen", „Verstehen", „Handeln" und „Haltung" – eine verstärkte Etablierung von Angeboten anzudenken, die immer auch die Reflexion der vermittelten Lerninhalte und den kritischen Diskurs über das erworbene Wissen berücksichtigen. Gelingen könnte dies vor allem innerhalb von Formaten wie Exkursionen, Übungen, Trainings, Begegnungen mit „Betroffenen" (z.B. Zeug*innen der Zeitgeschichte, Flüchtlingen, Strafgefangenen) oder Unterrichtsgesprächen in Form des Teamteachings.

Gegenüber der Ausbildung ist das Angebot politischer Bildung in der zentralen polizeilichen Fortbildung eher gering (vgl. ebd., S. 25f.). Hier liegt der Fokus auf fach- und/oder funktionsbezogenen Inhalten zur Erlangung bzw. Sicherung von Handlungsfähigkeit im Sinne von „Einsatzkompetenz". Insofern ergeben sich gerade auch hier Optimierungspotentiale hinsichtlich der Stärkung von Angeboten, die – im Sinne eines Ausbaus kritischer „Reflexionsräume" – in Kooperation mit polizeilichen und nichtpolizeilichen Bildungsanbieter*innen geplant und durchgeführt werden. Zudem scheinen perspektivisch vor allem auch Instrumente der dezentralen Fortbildung (etwa des Dienstunterrichts in den Behörden vor Ort) dazu geeignet zu sein, unmittelbar aktuelle Themen aufzugreifen und angesichts lokaler Problemlagen berufsnah zu vermitteln. Hierzu bedarf es jedoch flächendeckender Angebote zur Schulung von Multiplikator*innen (beispielsweise Polizeiführungskräfte) in den Dienststellen und/oder der konsequenten Einbindung nichtpolizeilicher politischer Bildungsakteur*innen. Auch um mögliche Vorbehalte potentieller Teilnehmer*innen gegenüber Angeboten der politischen Bildung gar nicht erst entstehen zu lassen, erscheint es zudem grundsätzlich geboten, gerade die Bearbeitung präventiv konnotierter Themen möglichst kontinuierlich und anlassunabhängig etwa in die verhaltensorientierte ganz alltägliche polizeiliche Fortbildung einzubinden (vgl. Schulte 2003, S. 216).

### Möglichkeiten und Grenzen der Bildungsarbeit

Wie jedem pädagogischen Handeln werden auch der politischen Bildung zumindest mittelbar präventive Wirkungen und Effekte zugeschrieben, ohne jedoch – so das „Präventionsparadox" – garantieren zu können, ob und in welcher Form diese tatsächlich eintreten (vgl. Hafeneger 2019, S. 23). Grundsätzlich jedoch kann politische Bildung ihr Potential auf vielfältige Art und Weise entfalten (vgl. Ahlheim/Heger 1996, S. 168f.). Entsprechende Maßnahmen sind grundsätzlich dazu geeignet,

- Lernende dazu zu befähigen, komplexe (Alltags-)Realitäten zu durchdringen und zu ordnen. Dies hat eine Stärkung des Individuums zur Folge, indem es sich Entwicklungen erklären und vermeintliche „Bedrohungen" relativieren bzw. rational einordnen kann.
- Probleme und Herausforderungen auf der Basis geeigneter Informationen zu reflektieren, anstelle vor ihnen zu resignieren. Politische Bildung ermöglicht es, die Welt gedanklich zu erfassen, nach Lösungen zu suchen und diese in konkretes Handeln umzusetzen.
- durch das Eröffnen neuer Denkansätze und -möglichkeiten bisher verschlossene Perspektiven zu offenbaren und soziale und berufliche Orientierung in Konflikten zu erleichtern.
- Gegenangebote zu vorurteilsgesättigten Denkmustern anzubieten und vielleicht als gesellschaftlichen Konsens unterstellte Positionen offen in Frage stellen. Politische Bildung kann entsprechend eine zumindest „hemmende" Funktion hinsichtlich der Verstetigung teils offener, teils verborgener Vorurteilsstrukturen in der Gesellschaft oder (ganz konkret) im sozialen Nahraum (Familie, Beruf etc.) entfalten.
- im beruflichen Binnenverhältnis zur Schaffung einer „demokratisch-liberalen" (internen) Öffentlichkeit beizutragen. Damit kann der Gefahr entgegengewirkt werden, dass autoritäre oder vorurteilsbehaftete Orientierungen im beruflichen Umfeld schleichend anerkannt werden, sich verfestigen oder gar zur Handlungsmaxime werden.

Obgleich politische Bildung angesichts der aufgezeigten Möglichkeiten in ihrer reflexiven und gesellschaftskritischen Traditionslinie über den Aspekt der Prävention hinausgehend durchaus den Auftrag verfolgt, aufklärend und handelnd auf gesellschaftliche Verhältnisse und Lebensbedingungen hinzuwirken, welche schlussendlich dazu geeignet sind, Prävention in den Bereichen Extremismus, Radikalisierung und Gewalt unwahrscheinlicher bzw. überflüssig zu machen (vgl. Hafeneger 2019, S. 25), sollte politische Bildung nicht überschätzt werden. Zu unüberwindbar erscheinen hier die Grenzen, welchen sie sich beispielsweise in ihrem Vorgehen gegen Fremdenfeindlichkeit gegenübersieht (vgl. Ahlheim/ Heger 1996, S. 168). Da Vorurteile und Sündenbockpraktiken für diejenigen, welche auf diese zurückgreifen, eine zentrale Entlastungsfunktion einnehmen, sind Abneigungen oder Hassgefühle in Bezug auf vermeintlich Fremde bzw. Ausländer*innen allenfalls schwer für eine pädagogisch bemühte politische Aufklärung zugänglich. Gerade hier sind die der politischen Bildung unter-

stellten positiven Wirkungen nur schwer zu evaluieren und allenfalls in lang-
fristiger Perspektive feststellbar.

Hufer (2018, S. 14) bezweifelt gar, dass Wirkungsanalysen – jedenfalls mit
Blick auf die politische Erwachsenenbildung – aufgrund der Situationsabhän-
gigkeit und Subjektbezogenheit der Praxis der politischen Bildung überhaupt
möglich sind: „Es ist meiner Meinung nach abwegig zu glauben, dass punktu-
elle Bildungsepisoden aus vielschichtigen Sozialisationsprozessen und Lebens-
zusammenhängen heraus isoliert und monokausal interpretiert werden können. Das Leben ist mehr als ein Seminar." Gerade der letzte Aspekt spräche
– übertragen auf die polizeiliche Aus- und Fortbildung – wiederum dafür, auf
Prävention angelegte Veranstaltungen nicht lediglich (auf kurzfristige Effekte
hoffend) anlassbezogen, sondern kontinuierlich anzubieten. Auch dies wäre
im Sinne einer „guten" politischen Bildung, die sich nicht über Kriterien wie
„Qualität", „Wirkung" oder „Nutzen" definieren, sondern in der Tradition der
Aufklärung für die Ideen von „Demokratie", „Menschenrechten", „Freiheit"
und „Gerechtigkeit" einstehen sollte. „Eine ‚gute' politische Bildung hat eine andere Qualität als eine ‚wirkungsvolle' politische Bildung. Die eine Kategorie ist
weich, die andere ist hart. Schon daher müssen sie nicht zusammenpassen, sie
können sich sogar ausschließen" (ebd., S. 14). Doch selbst eine „gute politische
Bildung kann gesellschaftliche Probleme nicht lösen, aber sie kann helfen, diese
im Prozess öffentlicher Kommunikation rational aufklärend zu deuten und zu
entschärfen sowie sich bei der Suche nach Lösungen zu beteiligen" (Hafeneger
2019, S. 25). Wie dies im Kontext der polizeilichen Bildungspraxis gelingt bzw.
(besser) gelingen kann, wurde auch in den Projekten „Politische Bildung und
Polizei" thematisiert und wird den Arbeitskreis „Politische Bildung und Polizei"
weiter beschäftigen.

### Literaturverzeichnis

Ahlheim, Klaus/Heger, Bardo (1996): „Fremdenfeindlichkeit und Polizei" als Thema
    politischer Bildung in der Aus- und Fortbildung der Polizei, in: Schriftenreihe der
    Polizei-Führungsakademie, Nr. 1/2. Lübeck, S. 167–197.
Behr, Rafael (²2008): Cop Culture. Der Alltag des Gewaltmonopols. Männlichkeit,
    Handlungsmuster und Kultur in der Polizei. Wiesbaden.
BT-Drs. 17/14600: Beschlussempfehlung und Bericht des 2. Untersuchungsaus-
    schusses nach Artikel 44 des Grundgesetzes. URL: https://dserver.bundestag.de/
    btd/17/146/1714600.pdf (abgerufen am 21.12.2021).

Ceylan, Rauf/Kiefer, Michael (2018): Radikalisierungsprävention in der Praxis. Antworten der Zivilgesellschaft auf den gewaltbereiten Neosalafismus. Wiesbaden.

Frevel, Bernhard (2019): Politische Bildung und Polizei – Ein Werkstattbericht zum gleichnamigen Forschungs- und Entwicklungsprojekt, in: ders./Schmidt, Peter (Hg.), Empirische Polizeiforschung XXII: Demokratie und Menschenrechte. Frankfurt am Main, S. 12–27.

Frevel, Bernhard (Hg.) (2018): Politische Bildung und Polizei, Schwerpunktheft von *Polizei. Wissen. Themen polizeilicher Bildung* (1).

Frevel, Bernhard/Kuschewski, Philipp (2017): Polizei, Politik und Bildung, in: Frevel, Bernhard/Asmus, Hans-Joachim/Behr, Rafael/Groß, Hermann/Schmidt, Peter (Hg.), Facetten der Polizei- und Kriminalitätsforschung. Festschrift für Karlhans Liebl. Frankfurt am Main, S. 159–193.

Frevel, Bernhard/Sturm, Michael (2015): Polizei als Zielgruppe politischer Bildung, in: Langebach, Martin/Habisch, Cornelia (Hg.), Zäsur? Politische Bildung nach dem NSU (Schriftenreihe der Bundeszentrale für politische Bildung, Bd. 1640). Bonn, S. 131–144.

Friedrich, Sebastian/Mohrfeldt, Johanna (2013): „Das ist normal" – Mechanismen des institutionellen Rassismus in der polizeilichen Praxis, in: Opferperspektive e. V. (Hg.), Rassistische Diskriminierung und rechte Gewalt. An der Seite der Betroffenen beraten, informieren, intervenieren. Münster, S. 194–203.

Gensch, Marco (2018): Politische Bildung in der Bundeswehr und der Polizei Berlin im Vergleich. Eine Untersuchung der rechtlichen Verankerung in der Ausbildung der Offiziersanwärter und der Anwärter des gehobenen Polizeivollzugsdienstes (unveröffentlichte Bachelor-Arbeit, Hochschule für Wirtschaft und Recht Berlin).

Goertz, Stefan (2019): Terrorismusabwehr. Zur aktuellen Bedrohung durch den islamistischen Terrorismus in Deutschland und Europa. Wiesbaden.

Groß, Hermann/Schmidt, Peter (Hg.) (2011): Empirische Polizeiforschung XIII: Polizei: Job, Beruf oder Profession? Frankfurt am Main.

Hafeneger, Benno (2019): Politische Bildung ist mehr als Prävention, in: *Journal für politische Bildung* 9 (2), S. 22–25.

Hufer, Klaus-Peter (2018): Wirkungslose Wirkungsforschung? Rückblick und Ausblick, in: *Journal für politische Bildung* 8 (3), S. 10–14.

Hunold, Daniela (2009): Polizeiarbeit im Einwanderungsland Deutschland – Homogenität und Diversität im deutschen Polizeialltag, in: Behr, Rafael/Ohlemacher, Thomas (Hg.), Offene Grenzen – Polizieren in der Sicherheitsarchitektur einer postterritorialen Welt. Ergebnisse der der XI. Tagung des Arbeitskreises Empirische Polizeiforschung. Frankfurt am Main, S. 27–43.

Jaschke, Hans-Gerd (2006): Management Cops. Anmerkungen zu einer polizeilichen Funktionselite, in: Christe-Zeyse, Jochen (Hg.), Die Polizei zwischen Stabilität und Veränderung. Ansichten einer Organisation. Frankfurt am Main, S. 135–162.

Johansson, Susanne (2012): Rechtsextremismusprävention und Demokratieförderung in den Feldern der Pädagogik, der Beratung und Vernetzung: Eine kurze Begriffseinordnung und -abgrenzung. URL: https://www.vielfalt-mediathek.de/wp-content/uploads/2020/12/susanne_johannson_reprvention_demokratiefrderung.pdf (abgerufen am 05.01.2022).

Kempen, Aiko (2021a): Auf dem rechten Weg? Rassisten und Neonazis in der deutschen Polizei. München.

Kempen, Aiko (2021b): Polizisten auf Coronademonstrationen. Von selbsternannten Widerstandskämpfern und vermeintlichen »Merkel-Schergen«, in: Kleffner, Heike/ Meisner, Matthias (Hg.), Fehlender Mindestabstand. Die Coronakrise und die Netzwerke der Demokratiefeinde. Freiburg, S. 228–232.

Kopke, Christoph (Hg.) (2020): Nach dem NSU. Ergebnisse und Konsequenzen für die Polizei (Polizei – Geschichte – Gesellschaft, Bd. 1). Frankfurt am Main.

Kopke, Christoph (2019): Polizei und Rechtsextremismus, in: *Aus Politik und Zeitgeschichte* 69 (21–23), S. 36–42. URL: https://www.bpb.de/apuz/291189/polizei-und-rechtsextremismus (abgerufen am 21.12.2021).

Kopke, Christoph/Kuschewski, Philipp (2021): Das Kooperationsprojekt „Politische Bildung und Polizei", in: Marks, Erich/Fünfsinn, Helmut (Hg.), Prävention & Demokratieförderung. Ausgewählte Beiträge des 24. Deutschen Präventionstages 2019. Mönchengladbach, S. 229–243, URL: https://www.praeventionstag.de/dokumentation/download.cms?id=4163&datei=12-Kopke-Kuschewski-4163.pdf (abgerufen am 21.12.2021).

NI (2016): Modulhandbuch Bachelorstudiengang „Polizeivollzugsdienst (B.A.)". Polizeiakademie Niedersachsen.

NW (2016): Modulhandbuch Bachelorstudiengang PVD 2016. Fachhochschule für öffentliche Verwaltung NRW. Fachbereich Polizei.

O.A. (2018): Rassistische Nachrichten – Disziplinarverfahren gegen Polizeischüler, in: *Der Spiegel*, 26.10.2018. URL: https://www.spiegel.de/panorama/justiz/leipzig-rassistische-nachrichten-disziplinarverfahren-gegen-polizeischueler-a-1235395.html (abgerufen am 25.11.2021).

O.A. (2015): Polizisten sollen rassistische Hetze via Facebook verbreiten, in: *Süddeutsche Zeitung*, 03.06.2015: URL: https://www.sueddeutsche.de/panorama/medienbericht-polizisten-sollen-rassistische-hetze-via-facebook-verbreiten-1.2505247 (abgerufen am 25.11.2021).

Osel, Johann/Köpf, Matthias (2019): Zwei „Reichsbürger" als Polizisten entlassen, in: *Süddeutsche Zeitung*, 29.04.2019. URL: https://www.sueddeutsche.de/bayern/reichsbuerger-polizei-beamte-entlassen-1.4426247 (abgerufen am 25.11.2021).

Schicht, Günther (2007): Menschenrechtsbildung für die Polizei. Berlin, URL: https://www.institut-fuer-menschenrechte.de/fileadmin/_migrated/tx_commerce/studie_menschenrechtsbildung_fuer_die_polizei.pdf (abgerufen am 25.11.2021).

Schulte, Wolfgang (2006): „Und grau ist alle Theorie…" Über die nicht immer ganz spannungsfreie Rezeption von (sozial-)wissenschaftlichen Denkweisen in der Polizei, in: Christe-Zeyse, Jochen (Hg.), Die Polizei zwischen Stabilität und Veränderung. Ansichten einer Organisation. Frankfurt am Main, S. 275–312.

Schulte, Wolfgang (2003): Das Thema Rechtsextremismus in der Aus- und Fortbildung der Polizei, in: Ahlheim, Klaus (Hg.), Intervenieren, nicht resignieren. Rechtsextremismus als Herausforderung für Bildung und Erziehung (Politik und Bildung, Bd. 30). Schwalbach/Ts., S. 209–216.

ST (2016): Modulkatalog für den Studiengang „Polizeivollzugsdienst" (B.A.) an der Fachhochschule Polizei Sachsen-Anhalt (Wintersemester 2016/2017). Fachhochschule Polizei Sachsen-Anhalt.

Steffenhagen, Ronny (2020): Prepper in der Landespolizei Mecklenburg-Vorpommern. Phänomenologie und Interventionsmöglichkeiten aus Führungssicht. Frankfurt am Main.

Steinke, Ronen (2018): Die Spur führt zur Polizei, in: *Süddeutsche Zeitung*, 16.12.2018. URL: https://www.sueddeutsche.de/politik/frankfurt-polizei-rechtsextremismus-fax-1.4255560 (abgerufen am 25.11.2021).

Wangler, Nico (2019): Die Aporie der politischen Bildung in Bezug auf Populismus und Extremismusprävention, in: Boehnke, Lukas/Thran, Malte/Wunderwald, Jacob (Hg.), Rechtspopulismus im Fokus. Theoretische und praktische Herausforderungen für die politische Bildung. Wiesbaden, S. 199–213.

*Hendrik Cremer*

# Grund- und Menschenrechte als Bildungsauftrag

Zum Umgang mit rassistischen und rechtsextremen Positionen
von Parteien in der polizeilichen Aus- und Fortbildung[1]

## Einleitung

Die Polizei als Organisation kann ihrem Auftrag zur Garantie der Grund- und
Menschenrechte und zum Schutz der freiheitlichen demokratischen Grundordnung nur dann erfolgreich nachkommen, wenn auch ihre Mitglieder wissen, welche Bedeutung Grund- und Menschenrechte haben (vgl. Frevel 2019,
S. 13). Grund- und Menschenrechtsbildung muss daher fester Bestandteil und
Querschnittsaufgabe der polizeilichen Aus- und Fortbildung sein. Dazu gehört
auch die Auseinandersetzung mit Rassismus und dem grund- und menschen-
rechtlich verbrieften Diskriminierungsverbot: Polizist*innen müssen wissen,
was Rassismus ist und in welchen unterschiedlichen Erscheinungsformen er
auftritt, woran die rassistische Motivation einer Straftat zu erkennen ist (vgl.
Cremer/Cobbinah 2019) und dass physische Merkmale von Menschen kein
Auswahlkriterium im Rahmen anlassloser Personenkontrollen sein dürfen (vgl.
Cremer 2019a). Polizist*innen müssen auch befähigt werden zu erkennen, dass
der polizeiliche Schutz von Demonstrationen mit rassistischer Ausrichtung
kein Bekenntnis zu den Demonstrationszielen ist, sondern dass es dabei um
den Schutz des Grundrechts auf Meinungsfreiheit und Demonstration geht
(vgl. Frevel 2019, S. 13).

Die Notwendigkeit, Rassismus und Rechtsextremismus in der Aus- und
Fortbildung der Polizei stärker zu thematisieren, ist durch den fraktionsüber-
greifenden Abschlussbericht des ersten NSU-Untersuchungsausschusses des
Deutschen Bundestags (2013) sehr deutlich geworden. Dementsprechend hat
der Ausschuss empfohlen, vorhandenen Stereotypen und Diskriminierungs-
strukturen in der Polizei durch Verbesserungen in der Aus- und Fortbildung
entgegenzutreten. Zudem gibt es fortlaufend Berichte, die Rassismus und

---

[1] Bei der Abhandlung handelt es um eine überarbeitete und aktualisierte Fassung von Cremer
2021a.

Rechtsextremismus in der Polizei dokumentieren und den Handlungsbedarf in dem Feld untermauern.

Genauso wie in der politischen Bildung anderer Organisationen, etwa der Bundeswehr (vgl. Cremer 2021b; Gensch i.d.B.), oder in der schulischen und außerschulischen Bildung (vgl. Cremer 2019b) stellt sich auch für die politische Bildung der Polizei die Frage, ob und wie rassistische und rechtsextreme Positionen von Parteien zu behandeln sind. Dies kann beispielsweise im Rahmen der politischen Bildung oder in Fächern zum Staats- und Verfassungsrecht unter dem Thema „Gefährdung der freiheitlichen demokratischen Grundordnung" geschehen.[2] Parteien können nämlich rassistische und rechtsextreme Positionen, die mit der freiheitlichen demokratischen Grundordnung nicht vereinbar sind, vertreten, ohne deswegen verboten zu werden. Die Hürden für das Verbot einer Partei sind grundsätzlich höher.[3] Für Polizist*innen – zumal als Ausübende von Hoheitsgewalt – muss hingegen klar sein, welche Positionen nicht mehr von der freiheitlichen demokratischen Grundordnung gedeckt sind. Deutlich macht dies beispielsweise ein Beschluss des Bundesvorstands der Gewerkschaft der Polizei (GdP) vom März 2021, der ausführt, dass die Positionen der Partei „Alternative für Deutschland" (AfD) mit der freiheitlichen demokratischen Grundordnung nicht vereinbar sind, es demzufolge mit der Mitgliedschaft in der GdP auch nicht vereinbar sei, Mitglied in der AfD zu sein, diese Partei zu unterstützen oder mit ihr zu sympathisieren (GdP 2021).

Vor diesem Hintergrund erörtert der vorliegende Beitrag, welche Bedeutung den Grund- und Menschenrechten, dem staatlichen Neutralitätsgebot und dem Recht der Parteien auf Chancengleichheit im politischen Wettbewerb (Art. 21 des Grundgesetzes) im Bereich der politischen Bildung in der Polizei zukommt. Er verdeutlicht, warum es für Lehrkräfte nicht nur zulässig, sondern geboten ist, rassistische und rechtsextreme Positionen von Parteien kritisch zu thematisieren. Der Beitrag fokussiert dabei auf die Thematisierung rassistischer und rechtsextremer Positionen und die Relevanz des Verbots rassistischer Diskriminierung für die politische Bildung.

---

[2] Die Strukturen der polizeilichen Aus- und Fortbildung sind in Deutschland sehr heterogen, was unterschiedliche Inhalte in den jeweiligen Fächern zur Folge haben kann. Vgl. etwa Kuschewski (2018), S. 21, dort auch Fußnote 1.

[3] Vgl. Bundesverfassungsgericht: Urteil vom 17.01.2017, Aktenzeichen 2 BvB 1/13.

## Grund- und Menschenrechte als Maßstab

Aus den Grund- und Menschenrechten als Bestandteil der freiheitlichen demokratischen Grundordnung ergeben sich rechtliche Vorgaben und Maßstäbe, die für den Bereich der politischen Bildung elementar sind. Politische Bildung sowie Grund- und Menschenrechtsbildung sind untrennbar miteinander verbunden (vgl. Kuschewski 2018, S. 20 sowie Kopke/Kuschewski i.d.B.; Frevel 2019, S. 12f.).

## Politische Bildung als Menschenrechtsbildung

Bereits die Allgemeine Erklärung der Menschenrechte von 1948 weist darauf hin, dass staatliche Bildung darauf ausgerichtet sein muss, das Bewusstsein für Menschenrechte und das Verständnis von Menschenrechten zu fördern.[4] Diverse menschenrechtliche Verträge legen für den Bildungsbereich inhaltliche Vorgaben und Bildungsziele verbindlich fest. Die daraus resultierenden Verpflichtungen sind in Deutschland geltendes Recht, das von Behörden, Bildungseinrichtungen und Lehrenden beachtet werden muss.[5] Gemäß dem Internationalen Übereinkommen gegen rassistische Diskriminierung (ICERD) ist es Aufgabe des Staates, für Aufklärung und Menschenrechtsbildung zu sorgen, um Rassismus entgegenzutreten und zu überwinden.[6] Für den Staat besteht

---

[4]  Vgl. UN, Generalversammlung: Die Allgemeine Erklärung der Menschenrechte, Resolution 217 A (III) vom 10.12.1948, UN Doc. A/RES/217 A (III), Art. 26 wie auch die Präambel der Erklärung.

[5]  Die von Deutschland ratifizierten Menschenrechtsverträge sind gemäß Art. 59 Absatz 2 Satz 1 GG innerstaatlich geltendes Recht, an das Behörden und Gerichte gebunden sind (Art. 20 Absatz 3 GG). Nach der Rechtsprechung des Bundesverfassungsgerichts ist bestehendes nationales Recht zudem im Einklang mit den Menschenrechtskonventionen auszulegen und anzuwenden. Bundesverfassungsgericht: Beschluss vom 26.03.1987, Aktenzeichen 2 BvR 589/79, 740/81 und 284/85: BVerfGE 74, 358 (370); Bundesverfassungsgericht: Beschluss vom 14.10.2004, Aktenzeichen 2 BvR 1481/04: BVerfGE 111, 307 (317 f., 324, 329); Bundesverfassungsgericht: Beschluss vom 23.03.2011, Aktenzeichen 2 BvR 882/09, Rand Nr. 52.

[6]  Art. 7 des ICERD vom 7. März 1966, Bundesgesetzblatt 1969 Teil II Nr. 29, ausgegeben am 14.05.1969, S. 961. Angemerkt sei, dass die Aufzählung der explizit genannten Bereiche, zu denen neben der Bildung auch die Bereiche der Kultur und der Information gehören, nicht abschließend ist („insbesondere").

außerdem im Rahmen der Aus- und Fortbildung seiner Beamt*innen, die Hoheitsgewalt ausüben und damit menschenrechtliche Pflichtenträger sind, eine gesteigerte Verantwortung dafür, dass diese die Menschenrechte kennen und achten.[7]

## Wissen vermitteln

Zur politischen Bildung gehört die Vermittlung von Wissen über die Grund- und Menschenrechte, über ihre Inhalte und Bedeutung, aber auch über die zugrunde liegenden Werte und die historischen Prozesse, die zur Kodifizierung des Grundgesetzes (GG) und der Menschenrechte führten (Cremer/Niendorf 2020, S. 24). Hierzu gehört die Vermittlung von Wissen darüber, dass gerade die Erfahrung von rassistisch motivierten Menschheitsverbrechen im 20. Jahrhundert zur Kodifizierung der Menschenrechte führte. So ist die Allgemeine Erklärung der Menschenrechte von 1948 auch als Reaktion auf die Menschheitsverbrechen des nationalsozialistischen Deutschlands zu verstehen (vgl. Huhle 2008), ebenso die 1950 in Kraft getretene Europäische Menschenrechtskonvention (vgl. Janis/Kay/Bradley 2008, S. 12ff.). Auch das GG von 1949 ist als Antwort auf die Verbrechen des Nationalsozialismus zu begreifen (Klausmann 2019, S. 143ff.). Es bekennt sich ausdrücklich zu den Menschenrechten als Grundlage jeder menschlichen Gemeinschaft und als Grundlage von Frieden und Gerechtigkeit (Art. 1 Absatz 2 GG).

Ein weiterer wesentlicher Bestandteil von politischer Bildung ist es, die unabdingbaren Grundlagen der Menschenrechte zu vermitteln. Menschenrechte zeichnen sich dadurch aus, dass sie für alle Menschen gelten, unabhängig von der Staatsangehörigkeit und vom Aufenthaltsstatus eines Menschen. Die unabdingbaren Grundlagen der Menschenrechte sind in prägnanter Weise im ersten Satz von Art. 1 der Allgemeinen Erklärung der Menschenrechte von 1948 zusammengefasst: „Alle Menschen sind frei und gleich an Würde und Rechte geboren." Im GG lassen sich die unabdingbaren Grundlagen der Menschenrechte insbesondere Art. 1 Absatz 1 entnehmen. Hier heißt es: „Die Würde des Menschen ist unantastbar. Sie zu achten und zu schützen ist Verpflichtung aller staatlichen Gewalt." Die hier verankerte Garantie bedeutet, dass jeder Mensch

---

[7]  Vgl. ausdrücklich Art. 2 Absatz 1 Buchstabe a) des ICERD.

allein aufgrund seines Menschseins die gleiche Menschenwürde und gleiche Rechte hat.[8]

Für die Gewährleistung des Grundsatzes der gleichen Menschenwürde und der gleichen Rechte eines jeden Individuums ist das Diskriminierungsverbot zentral. Es ist in sämtlichen Menschenrechtsverträgen verankert, im GG in Art. 3 Absatz 3. Das Diskriminierungsverbot schützt Angehörige diskriminierungsgefährdeter Gruppen vor Benachteiligung.[9] Es verbietet Benachteiligungen aufgrund von Merkmalen wie „Geschlecht" oder „Behinderung" eines Menschen. Das Verbot rassistischer Diskriminierung[10] als Teil des Diskriminierungsverbots umfasst insbesondere Benachteiligungen, die an physischen Merkmalen wie Hautfarbe[11], der Sprache oder der tatsächlichen oder vermeintlichen Herkunft oder Religionszugehörigkeit von Menschen anknüpfen (vgl. Cremer 2020, S. 21ff., mit weiteren Nachweisen).

## Zum Einsatz für Menschenrechte befähigen

Politische Bildung soll nicht nur Wissen über Menschenrechte vermitteln, sondern die Lernenden auch dazu anzuregen, über die den Menschenrechten zugrunde liegenden Werte, die Bedeutung von Menschenrechten für ihr eigenes Leben sowie für gesellschaftliche und politische Prozesse zu reflektieren. Sie soll eine an den Menschenrechten orientierte Haltung fördern und die Lernenden dazu befähigen, sich für Menschenrechte einzusetzen (Cremer/Niendorf 2020, S. 24). Aufgabe politischer Bildung ist es also unter anderem, Polizist*innen in die Lage zu versetzen, rassistische und rechtsextreme Positionen als Angriff auf die gleiche Würde aller Menschen zu erkennen, Wachsamkeit gegenüber

---

[8]   Vgl. Bundesverfassungsgericht: Urteil vom 17.01.2017, Aktenzeichen 2 BvB 1/13, Rn. 538ff.

[9]   Vgl. Bundesverfassungsgericht: Beschluss vom 10.10.2017, Aktenzeichen 1 BvR 2019/16, Rand Nr. 59. Das Verbot umfasst dabei nicht nur Gesetze und Handlungen, die eine Diskriminierung gezielt beabsichtigen. Entscheidend ist vielmehr ihre tatsächliche Wirkung; vgl. Bundesverfassungsgericht: Beschluss vom 18.06.2008, Aktenzeichen 2 BvL 6/07, Ziffer 48f.; Europäischer Gerichtshof für Menschenrechte: Große Kammer, Urteil vom 13.11.2007, Antragsnummer 57325/00, insbesondere Ziffer 175, 185, 193.

[10]   Vgl. Bundesverfassungsgericht: Beschluss vom 02.11.2020, Aktenzeichen 1 BvR 2727/19.

[11]   Vgl. etwa Oberverwaltungsgericht Rheinland-Pfalz: Urteil vom 21.04.2016, Aktenzeichen 7 A 11108/14; Verwaltungsgericht Dresden: Urteil vom 01.02.2017, Aktenzeichen 6 K 3364/14.

entsprechenden Positionierungen zu entwickeln und ihnen im polizeilichen und privaten Alltag entgegenzutreten.

Gerade dann, wenn sich rassistisches Gedankengut in einer Gesellschaft zunehmend verbreitet, sei es im öffentlichen und politischen Raum, im Internet und in den sozialen Medien, in Magazinen oder Büchern, die auch den Weg in öffentliche Bibliotheken finden, ist es geboten, dass die politische Bildung diese Entwicklungen aufgreift. Dabei können beispielsweise gängige Argumentationsmuster, Strategien, Verschwörungserzählungen oder Stilmittel thematisiert werden, die bei der Verbreitung rassistischen und rechtsextremen Gedankenguts eingesetzt werden (vgl. Heinrich 2016, S. 180; Overwien 2019, S. 30).

## Rassistische und rechtsextreme Positionen

Der Begriff „Rassismus" ist entstehungsgeschichtlich damit zu erklären, dass die für Rassismus typische Kategorisierung und Hierarchisierung von Menschen historisch mit dem Begriff „Rasse" einherging.[12] Das ist auch der Grund, warum der Begriff „Rasse" in menschenrechtlichen Normen zum Verbot rassistischer Diskriminierung und zum Schutz vor Rassismus Eingang gefunden hat.[13] In diesem Sinne greift auch das Verbot rassistischer Diskriminierung in Art. 3 Absatz 3 GG die Konstruktion von homogenen Menschengruppen als Anknüpfungsmerkmal verbotener Diskriminierung auf, bei der Menschen unter Bezugnahme auf biologistische Begründungsmuster anhand physischer Merkmale in Kategorien eingeteilt werden (vgl. Cremer 2020). Dabei werden aus einer Vielzahl sichtbarer physischer Merkmale einzelne herausgegriffen und Grenzen zwischen den variierenden körperlichen Merkmalen von Menschen gezogen. Auf dieser Grundlage werden Menschen unterschieden und ihnen pauschal bestimmte Eigenschaften oder Verhaltensmuster zugeschrieben (Stereotype).

Solche willkürlichen Kategorisierungen unter Bezugnahme auf biologistische Begründungmuster setzen sich bis heute fort. Rassismus setzt allerdings

---

[12] Vgl. etwa Europäischer Gerichtshof für Menschenrechte: Urteil vom 13.12.2005, Antragsnummer 55762/00 u. 55974/00 (Timishev gegen Russland), Ziff. 55.

[13] Vgl. zur Problematik des Begriffs „Rasse" in Rechtstexten: Initiative Schwarze Menschen in Deutschland (2015); Europäische Kommission gegen Rassismus und Intoleranz (2017), S. 5; Cremer (2020).

kein Gedankengut voraus, das auf biologistischen Theorien von Abstammung und Vererbung basiert und auf biologistische Begründungsmuster zurückgreift (vgl. Scharathow et al. 2011, S. 10ff.; Europäische Kommission gegen Rassismus und Intoleranz 2017, S. 5; Auma 2017; Bundesregierung 2017, S. 8ff.; Thieme 2019). So treten häufig weitere Begründungsmuster hinzu, etwa beim Antisemitismus.[14] Im Fall des antimuslimischen Rassismus[15] wird oft neben der Religionszugehörigkeit auch auf „die Kultur" von Menschen Bezug genommen, um sie auf dieser Grundlage mit pauschalen Zuschreibungen zu kategorisieren und abzuwerten (siehe Bundesregierung 2017, S. 8ff.). Betroffene solcher Zuschreibungsprozesse können nicht nur gläubige Muslim\*innen oder Jüdinnen\*Juden sein, sondern auch Menschen, denen etwa aufgrund bestimmter äußerlicher Merkmale oder ihrer Herkunft eine jüdische oder islamische Religionszugehörigkeit unterstellt wird.

Rassistische Argumentationsmuster haben sich mithin gewandelt (vgl. etwa Auma 2017; Bundesregierung 2017, S. 8ff.; Quent 2019). Auch politische Akteur\*innen, die sich mit rassistischen Positionen profilieren, sprechen in der Regel nicht mehr von „Rassen"; manche nutzen – als Ersatzbegriff – den Begriff der „Ethnie". Sie versuchen ihre rassistischen Positionen jedenfalls gezielt und auf vielfältige Weise zu verschleiern. Hierzu gehört etwa, Menschen zwar nicht explizit abzuwerten, aber sie unter Hinweis auf eine angebliche „Andersartigkeit" auszugrenzen („Die passen nicht zu uns"). Mit solchen Argumentationsstrategien, die damit begründet werden, dass verschiedene „Ethnien" beziehungsweise „Völker" zur Entfaltung ihrer Kultur abgegrenzte Territorien bräuchten („Ethnopluralismus"), werden heute oftmals rassistische Positionen

---

[14] Antisemitismus kann sich nicht nur in Handlungen und Äußerungen, die sich explizit gegen Jüdinnen\*Juden richten, ausdrücken, sondern beispielsweise auch in israelbezogenen Äußerungen oder dadurch, dass Jüdinnen\*Juden als vermeintlich Verantwortliche für israelische Regierungspolitik ausgegrenzt werden. Klarstellend sei angemerkt, dass es hier nicht um die Frage geht, in welchem Verhältnis Rassismus und Antisemitismus stehen. Während in der diesbezüglichen Debatte insbesondere aus historischer Perspektive die Eigenständigkeit des Phänomens Antisemitismus betont wird (vgl. Unabhängiger Expertenkreis Antisemitismus 2017, S. 23ff., insbesondere S. 28), ist aus grund- und menschenrechtlicher Perspektive hervorzuheben, dass Antisemitismus als spezifische Form von Rassismus dem Schutzbereich des internationalen und europäischen Schutzes vor Rassismus unterfällt. Dies gilt auch für den Schutzbereich von Art. 3 Abs. 3 GG, der Schutz vor rassistischer Diskriminierung garantiert. Vgl. Schubert i.d.B.

[15] Vgl. zum Begriff und Phänomen des antimuslimischen Rassismus etwa Bundesministerium für Familie, Senioren, Frauen und Jugend (2018), S. 24f.; Keskinkılıç (2019).

vertreten (vgl. Bundeszentrale für politische Bildung 2014; Pfahl-Traughber 2019, S. 4). Dementsprechend hat auch das Bundesverfassungsgericht in seiner Entscheidung zum Antrag auf ein Verbot der „Nationaldemokratischen Partei Deutschlands" (NPD) deutlich gemacht, dass nicht nur biologistische, sondern auch andere, kulturalistische Argumentationsmuster „rassistisch" sein können.[16]

Die rassistische Konstruktion von Menschengruppen und damit einhergehende Diskriminierungsverhältnisse sind jeweils historisch und gesellschaftlich verankert, ohne jedoch statisch zu sein. Es gibt eine Vielzahl von Rassismen mit jeweils unterschiedlichen historischen Bezügen und sich daraus speisenden Stereotypen. Rassistische beziehungsweise antisemitische Positionen richten sich in Deutschland gegenwärtig beispielsweise gegen Jüdinnen*Juden,[17] Sinti_zze und Rom_nja,[18] Schwarze Menschen,[19] Muslim*innen und/oder Menschen mit Flucht- oder Migrationsgeschichte, die selbst oder deren Vorfahren aus anderen Ländern zugewandert sind (vgl. etwa Bundesministerium des Innern 2015; Bundesregierung 2017, S. 8ff., insbesondere S. 10f.; Cremer/Cobbinah 2019; Liebscher/Wetzel 2020).

Erreichen rassistische Positionen einen gewissen „Härtegrad", sind sie als rechtsextrem einzustufen, wobei der Übergang von rassistischen zu rechtsextremen Positionen fließend verläuft. Grundsätzlich kennzeichnet rechtsextreme Positionen, dass sie die freiheitliche demokratische Grundordnung[20] ablehnen (vgl. Jesse 2017, S. 17; Mannewitz et al. 2018, S. 5ff.; Pfahl-Traughber 2019, insbesondere S. 3f.). Sie können unterschiedlich stark ausgeprägt sein, auch Drohun-

---

[16] Bundesverfassungsgericht: Urteil vom 17.01. 2017, Aktenzeichen 2 BvB 1/13, Rn. 634ff.; vgl. Kutting/Amin (2020), S. 616.

[17] Vgl. Fußnote 14.

[18] Vgl. umfassend Unabhängige Kommission Antiziganismus (2021).

[19] Die Schreibweise „Schwarze Menschen" ist bewusst gewählt. Es handelt sich um einen selbstgewählten Begriff aus der Schwarzen Bewegung in Deutschland. Der Begriff bezieht sich dabei nicht nur, wie oft angenommen wird, auf die Hautfarbe, sondern auch auf eine gesellschaftliche/soziale Positionierung und Realitätserfahrung von Menschen mit Rassismuserfahrungen. Es gibt weitere selbst gewählte Bezeichnungen, mit denen Menschen in Deutschland sich auf ihre Erfahrungen beziehen. Hierzu gehört etwa auch der Begriff „PoC" für „People of Color". Mit dem Begriff wird von Menschen, die nicht weiß sind, auf Erfahrungen in einer mehrheitlich weißen Gesellschaft Bezug genommen. Vgl. Schearer/Haruna (2013).

[20] In der Literatur werden diesbezüglich auch andere Begriffe verwendet, so wird etwa vom „demokratischen Verfassungsstaat" gesprochen; vgl. Jesse (2017), S. 17; ders./Mannewitz (2018), S. 15f.

gen und Gewalt explizit mit einbeziehen, was allerdings keine Voraussetzung
für die Einordnung als rechtsextrem ist (Jesse 2017, S. 17).[21] Kennzeichnend sind
insbesondere rassistische Positionen in einem national-völkischen Sinne, also
auf Rassismus basierende Konzeptionen einer Nation. Demnach müsse – so
die rechtsextreme Vorstellung – das „deutsche Volk" vor einer „Völkervermi-
schung" bewahrt werden (vgl. Bundesministerium des Innern, für Bau und
Heimat 2020). Mit national-völkischen Positionen geht eine Ablehnung der für
die freiheitliche demokratische Grundordnung fundamentalen Rechtsgleich-
heit aller Menschen einher (Jesse 2017, S. 17; Bundesministerium des Innern,
für Bau und Heimat 2020).

Die fundamentalen und zugleich unverhandelbaren Grundsätze eines demokratischen Rechtsstaates spiegeln sich im GG in der „Ewigkeitsgarantie"
des Art. 79 Absatz 3 GG wider. Dort ist festgelegt, dass die Garantie der Menschenwürde in Art. 1, die Menschenwürdegehalte der einzelnen Grundrechte
und die in Art. 20 GG niedergelegten Grundsätze – wie etwa die Gewaltentei-
lung – nicht durch eine Grundgesetzänderung abgeschafft werden dürfen. Art.
79 Absatz 3 GG macht damit deutlich, dass die Menschenrechte auch einem
demokratisch legitimierten Parlament unverhandelbare Grenzen setzen. Der
Grundsatz, dass alle Menschen als Individuen mit gleicher Würde und gleichen
Rechten zu achten sind, ist für eine rechtsstaatliche Demokratie konstituierend.

Rechtsextreme Positionen zeichnen sich demgegenüber durch einen politischen Autoritarismus aus, der auf die Ablösung der freiheitlichen demokratischen Grundordnung zielt (Pfahl-Traughber 2019, S. 3f.). Auch Demokratie-
verständnisse, die dem zugrunde liegen können, wonach es angeblich einen
einheitlichen Volkswillen gäbe, der auch noch durch eine einzige Partei oder
einen Führer repräsentiert werden könnte, sind mit der freiheitlichen demokratischen Grundordnung nicht vereinbar (vgl. ebd.; Jesse 2017, S. 17). National-
völkische Positionen zielen darauf ab, Menschen auf der Grundlage rassistischer und damit willkürlicher Kriterien von der Garantie der Menschenwürde
auszuschließen.

Typische Merkmale rechtsextremer Positionen sind außerdem das Ver-
schweigen, Verharmlosen oder Leugnen der Menschheitsverbrechen, die unter
der nationalsozialistischen Herrschaft verübt worden sind oder auch die Be-

---

21 Vgl. Pfahl-Traughber (2019), S. 4, der auch darauf hinweist, dass Absichten zur gewaltsamen
Machtergreifung oftmals aus strategischen Gründen verschwiegen werden.

tonung ihrer angeblich positiven Leistungen (vgl. Pfahl-Traughber 2019, S. 3f.;
Bundesministerium des Innern, für Bau und Heimat 2020). Wer den Nationalsozialismus oder einzelne Elemente nationalsozialistischer Politik relativiert
oder gar verherrlicht, relativiert damit die mit dem Nationalsozialismus untrennbar verbundenen rassistischen Menschheitsverbrechen und bringt damit
seine eigene rassistische Positionierung zum Ausdruck. Solche Positionierungen dienen insbesondere dazu, rassistisches und völkisches Gedankengut wieder gesellschaftsfähig zu machen (vgl. Pfahl-Traughber 2019, S. 4).

Rechtsextreme Positionen setzen kein klar umrissenes ideologisches Gebilde voraus. Sie sind insbesondere nicht nur dann anzunehmen, wenn sie
der nationalsozialistischen Ideologie entsprechen (Jesse/Mannewitz 2018,
S. 14f.; Bundesministerium des Innern, für Bau und Heimat 2020), inhaltlich
darauf Bezug nehmen oder sprachlich unmittelbar oder assoziativ auf nati-
onalsozialistische Terminologie zurückgreifen. Dies bedeutet etwa, dass sich
rechtsextreme Positionen in ihrer primären Zielrichtung jeweils auch gegen
unterschiedliche Minderheiten richten können. So gehört es etwa bei politischen Akteuren mit rassistischen und rechtsextremen Positionen gegenwärtig
nicht selten zum Repertoire, sich rhetorisch vom Antisemitismus abzugrenzen
(vgl. Rensmann 2020). Wie unglaubwürdig dies ist, zeigt sich, wenn diesel-
ben Akteure die Verbrechen des Nationalsozialismus und damit den Genozid
an den Jüdinnen*Juden relativieren. Rechtsextreme Positionen werden etwa
auch unter Berufung auf „Ethnopluralismus" (vgl. Bundeszentrale für politische Bildung 2014) oder die „Konservative Revolution"[22] vertreten (vgl. Pfahl-
Traughber 2019, S. 4).

### Kontroversität, Neutralität und Sachlichkeit

Werden politische Parteien und ihre Positionen in der politischen Bildung behandelt, sind das Neutralitätsgebot des Staates und das Recht der Parteien auf Chancengleichheit im politischen Wettbewerb gemäß Art. 21 GG zu beachten. Ein
einschlägiger Bezugsrahmen ist zudem der sogenannte „Beutelsbacher Konsens".

---

[22] „Konservative Revolution" gilt als Sammelbegriff für antiliberale, antidemokratische und
antiegalitäre Strömungen, die sich in der Weimarer Republik entwickelten und in der Ge-
schichtswissenschaft als geistige Wegbereiter für den Nationalsozialismus behandelt werden.
Vgl. dazu etwa Deutsches Historisches Museum (2014); Giesa (2015).

Er geht auf die Protokollierung einer Tagung von Politikdidaktiker*innen im Jahre 1976 zurück und formuliert didaktische Leitgedanken für die politische Bildung: das Überwältigungsverbot, das Gebot der Kontroversität und das Gebot der Berücksichtigung individueller Interessenlagen. Diese machen deutlich, dass politische Bildung die Adressaten dazu befähigen soll, zu einem eigenen Urteil zu kommen.[23] Der Beutelsbacher Konsens ist zwar rechtlich unverbindlich, aber gleichwohl ein wichtiger Bezugspunkt im Bereich der politischen Bildung – auch in der politischen Bildung der Polizei (vgl. Frevel 2019, S. 23).

Das Ziel des Überwältigungsverbots besteht darin, Indoktrinationen zu vermeiden und die Adressat*innen politischer Bildung nicht an der Gewinnung eines eigenen Urteils zu hindern. Vielmehr müsse das, was in der Wissenschaft und in der Politik kontrovers ist, auch kontrovers erscheinen (Kontroversitätsgebot).[24] Beim Gebot der Berücksichtigung individueller Interessenlagen geht es darum, die Analysefähigkeit der Lernenden, etwa in Bezug auf eine politische Situation, aber auch auf die eigene Interessenlage zu stärken.

Damit greift der Beutelsbacher Konsens wichtige Aspekte auf, die in einem Bildungssystem, das den Menschenrechten gerecht werden will, zu beachten sind. Dazu gehört das Recht auf Meinungsfreiheit, das das Recht auf Bildung der eigenen Meinung umfasst, das Recht auf Zugang zu frei verfügbaren Informationen und das Recht auf freie Meinungsäußerung.[25] Demensprechend ist im Rahmen politischer Bildung grundsätzlich ein offener Meinungsaustausch zu fördern. Dazu gehört auch, dass (angehende) Polizist*innen in einer Diskussion über politische Parteien äußern können, warum sie mit einer Partei sympathisieren. So könnte etwa ein Meinungsaustausch darüber stattfinden, wie die Positionen einer Partei zu verstehen sind, wohin sie in der praktischen Umsetzung führen können und wie die Polizist*innen dies bewerten – wenn sie dies äußern möchten.

Vor diesem Hintergrund ist auch das parteipolitische Neutralitätsgebot des Staates und das Recht der Parteien auf Chancengleichheit im politischen

---

[23] Für den Wortlaut des Beutelsbacher Konsens siehe Bundeszentrale für politische Bildung: Beutelsbacher Konsens, https://www.bpb.de/die-bpb/51310/beutelsbacher-konsens (abgerufen am 12.05.2020).

[24] Zum Kontroversitätsgebot vgl. Westphal (2018), S. 13ff.; Cremer/Niendorf (2020), S. 24f.

[25] Art. 5 des GG; Art. 10 der Europäischen Menschenrechtskonvention; Art. 19 des UN-Zivilpakts.

Wettbewerb gemäß Art. 21 Absatz 1 Satz 1 GG zu beachten, das fundamentaler Bestandteil einer pluralen Demokratie ist.[26] So würde es der freien Meinungsbildung und dem offenen Meinungsaustausch zuwiderlaufen, wenn Lehrende politischer Bildung zur Wahl einer bestimmten politischen Partei aufriefen.[27] Der Staat hat daher auch im Rahmen des staatlichen Bildungsauftrags dafür Sorge zu tragen, dass Lehrende politischer Bildung Art. 21 GG beachten.

Von zentraler Bedeutung ist, dass Parteien sachlich thematisiert werden.[28] Sachliche Informationen über Parteien, insbesondere über ihre Positionen und politischen Handlungen, sowie über ihr Führungspersonal und ihre Mandatsträger*innen, sind in der Bildungsarbeit zulässig. Dazu gehören die zutreffende Wiedergabe von Grundsatzpapieren wie Partei- oder Wahlprogrammen, von Positionen der Führungspersonen und Mandatsträger*innen oder sachliche Informationen über Strategien und Aktivitäten von Parteien. Lehrkräfte können auch aus dem Verfassungsschutzbericht zitieren beziehungsweise sachlich zutreffend darüber berichten.[29]

## Positionierung der Lehrkräfte gegenüber rassistischen und rechtsextremen Positionen von Parteien

Polizist*innen sind gemäß den in Deutschland geltenden menschenrechtlichen Verträgen, dem polizeilichen Leit- und Selbstbild und ihrem zentralen Auftrag dazu verpflichtet, sich für die Menschenrechte als Bestandteil der freiheitlichen demokratischen Grundordnung und die ihnen zugrunde liegenden

---

[26] Siehe dazu etwa Bundesverfassungsgericht: Urteil vom 27.02.2018, Aktenzeichen 2 BvE 1/16, Rand Nr. 39ff.

[27] Dem Neutralitätsgebot entsprechend ist für verbeamtete Lehrkräfte im Beamtenrecht ausdrücklich festgelegt, dass sie nicht einer Partei zu dienen und ihre Aufgaben unparteiisch zu erfüllen haben; vgl. § 33 Beamtenstatusgesetz, § 60 Bundesbeamtengesetz.

[28] Vgl. zum Sachlichkeitsgebot, mit Hinweisen auf Beispiele in der Rechtsprechung, Dişçi (2019), S. 78ff. sowie Bundesverfassungsgericht: Urteil vom 27.02.2018, Aktenzeichen 2 BvE 1/16, insbesondere Rand Nr. 38ff.; Bundesverwaltungsgericht: Urteil vom 13.09.2017, Aktenzeichen 10 C 6/16, Rand Nr. 29; Otto (2016), S. 148ff.

[29] Vgl. zu alledem auch Hufen (2018), S. 218f., unter Bezugnahme auf Bundesgerichtshof: Urteil vom 20.12.2011, Aktenzeichen VI ZR 261/10: NJW 2012, S. 771; ebenso zu sachlichen Informationen im Verfassungsschutzbericht Bundesverwaltungsgericht: Urteil vom 21.05.2008, Aktenzeichen 6 C 13/07, in: *Neue Zeitschrift für Verwaltungsrecht* (12), S. 1371.

Werte einzusetzen.[30] Daher haben Lehrende in der Aus- und Fortbildung von Polizist*innen nicht nur das Recht, sondern auch die Pflicht, für die Grundprinzipien der Grund- und Menschenrechte einzutreten.

Das Neutralitätsgebot des Staates und das Recht der Parteien auf Chancengleichheit (Art. 21 GG) verbieten es keineswegs, rassistische und rechtsextreme Positionierungen von Parteien als solche zu thematisieren. Eine derartige Interpretation widerspräche dem staatlichen Bildungsauftrag, der sich aus der freiheitlichen demokratischen Grundordnung und den menschenrechtlichen Verpflichtungen ableitet. Dies gilt unabhängig davon, wie bedeutsam eine Partei im politischen Wettstreit ist. Die Frage, ob eine Partei rassistische Positionen vertritt, hat nichts mit der Frage zu tun, wie erfolgreich sie bei Wahlen ist. Vielmehr sollte in der politischen Bildung gerade dann über Parteien mit rassistischen oder rechtsextremen Positionen gesprochen werden, wenn sie Zulauf erfahren und an Bedeutung gewinnen.

Auch aus dem Kontroversitätsgebot ist nicht etwa abzuleiten, dass rassistische oder andere menschenverachtenden Positionen als gleichberechtigte legitime politische Positionen darzustellen sind. Politische Bildung ist eben nicht in dem Sinne neutral, dass sie wertneutral wäre (vgl. Kultusministerkonferenz 2018a, insbesondere S. 3, 6 sowie 2018b, insbesondere S. 3). Eine Kontroverse im Rahmen politischer Bildung darf daher niemals so enden, dass sie den Schutz der Menschenwürde und den damit einhergehenden Grundsatz der Gleichheit der Menschen in Frage stellt (vgl. Brunhold 2017, S. 90). Denn hierbei handelt es sich um nicht verhandelbare Grundsätze des GG.[31]

Es ist daher geboten, dass Lehrende den Polizist*innen vermitteln, rassistischen Positionen nicht zu folgen, auch wenn es sich dabei um Positionen einer nicht verbotenen Partei oder sonstigen Vereinigung handelt.[32]

Dass Lehrende politischer Bildung Positionen einzelner Parteien sachlich begründet als rassistisch oder rechtsextrem einordnen, ist demzufolge auch keine unzulässige politische Beeinflussung, wie es teilweise behauet wird, und

---

[30]  Vgl. etwa Frevel (2019), S. 12 f., sowie insbesondere § 33 Beamtenstatusgesetz, § 60 Bundesbeamtengesetz.

[31]  Vgl. auch Verfassungsgerichtshof des Landes Berlin: Urteil vom 20.02.2019, Aktenzeichen VerfGH 80/18, im Hinblick auf einen Tweet des Regierenden Bürgermeisters von Berlin im Nachgang zu einer Demonstration gegen Rassismus, S. 15, mit dem Hinweis, das nicht verhandelbare Grundsätze des GG jedem Parteienstreit entzogen sind.

[32]  Vgl. Hufen (2018), S. 218, unter Hinweis auf Bayerischer Verwaltungsgerichtshof: Beschluss vom 17.06.1996, Aktenzeichen 24 CE 96.162: DÖV 1996, 1008.

auch in Wahlkampfzeiten zulässig. Es ist kein Grund erkennbar, warum diese Aufgabe politischer Bildung (vgl. Thieme 2019; Mannewitz et al. 2018, S. 6) in Wahlkampfzeiten ausgesetzt sein sollte.[33] Schließlich ist es in einer Parteiendemokratie eine Grundvoraussetzung, dass sich die Wahlberechtigten sachlich über die Positionen von Parteien informieren können. Das ist auch grundsätzlich eine Aufgabe politischer Bildung. Das Recht auf Chancengleichheit der Parteien schützt diese nicht vor sachlicher Auseinandersetzung mit ihren inhaltlichen Positionen. Dementsprechend klärt etwa die Bundeszentrale für politische Bildung gerade auch vor Wahlen – etwa in Kurzformaten – über die Positionen einzelner Parteien auf (vgl. Bundeszentrale für politische Bildung 2019). Es gehört deshalb auch zur Aufgabe der politischen Bildung in der Polizei, den Polizist*innen zu vermitteln, welche Positionen nicht mehr von der freiheitlichen demokratischen Grundordnung des GG gedeckt sind, damit sie sich daran auch bei Wahlen orientieren können.

## Positionierung der Lehrkräfte gegenüber rassistischen und rechtsextremen Äußerungen von Polizist*innen

Wie sollten Lehrkräfte auf rassistische Wortbeiträge von Polizist*innen und die Reproduktion von entsprechenden Positionen reagieren? Dabei ist auch zu berücksichtigen, dass sich unter den Anwesenden regelmäßig Personen befinden, die potentiell von Rassismus betroffen und gegebenenfalls vor rassistischen Herabwürdigungen zu schützen sind. Die Auseinandersetzung mit rassistischen und rechtsextremen Positionen von Parteien im Kontext politischer Bildung berührt damit auch den Konflikt zwischen dem Menschenrecht auf freie Meinungsäußerung und dem Schutz vor Diskriminierung.

Der zentrale Maßstab zur Auflösung dieses Spannungsverhältnisses ist der aus dem Schutz der Menschenwürde und dem Diskriminierungsverbot resultierende Achtungsanspruch eines jeden Menschen. Rassistische Äußerungen, die andere Menschen herabwürdigen beziehungsweise persönlich verletzen, sind nicht durch das Recht auf Meinungsäußerungen gedeckt; entsprechende Grenzen spiegeln sich im Strafrecht wider, etwa im Tatbestand der Beleidigung (§ 185 StGB) oder der Volksverhetzung (§ 130 StGB).

---

[33] Vgl. Fußnote 31.

Außerdem begründet das Recht auf freie Meinungsäußerung kein Recht darauf, dass die eigenen Äußerungen unwidersprochen bleiben. Auf rassistische Äußerungen von Polizist*innen kritisch zu reagieren, ist für Lehrende vielmehr angesichts der in den Menschenrechten, aber auch im Dienstrecht verankerten Vorgaben geboten. Zugleich muss es Raum für unterschiedliche und kontroverse Positionen geben und das Ziel stets die Stärkung der Lernenden in ihrer eigenen Analysefähigkeit sein. Wie das im Einzelnen geschieht, dafür bestehen pädagogische und rechtliche Handlungsspielräume, die unterschiedlich ausgefüllt werden können. Im Fall von diskriminierenden Äußerungen dürfen Lehrpersonen jedenfalls nicht schweigen, sondern müssen ihren menschenrechtlichen Schutzpflichten nachkommen und situationsbedingt einschreiten. Sie sind verpflichtet, Stimmen und Stimmungen nicht unwidersprochen zu lassen, die sich gegen die Achtung der Menschenwürde und das Verbot der Diskriminierung als zentrale grund- und menschenrechtliche Prinzipien richten (vgl. Brunhold 2017, S. 90). Je nach Inhalt und den Umständen im Einzelfall resultiert aus rassistischen Äußerungen nicht nur die Notwendigkeit der Intervention, sondern darüber hinaus auch von weiteren Einzelgesprächen, möglicherweise auch mit Dienstvorgesetzten bis hin zu (disziplinar-)rechtlichen Maßnahmen (vgl. Masuch 2020).

## Thematisierung der AfD

Rassistische und rechtsextreme Positionen von Parteien können im Rahmen bestehender Lehrpläne zur Aus- und Fortbildung von Polizist*innen in unterschiedlichen Kontexten thematisiert werden. Dabei kann die Auseinandersetzung mit rassistischen und rechtsextremen Positionen nicht allein auf Parteien wie die NPD oder die AfD reduziert werden. Immer wieder lässt sich auch in der öffentlichen Debatte beobachten, dass sich Aussagen mit rassistisch ausgrenzenden oder stigmatisierenden Inhalten bei sämtlichen Parteien finden. Ein prominentes und zugleich besonders deutliches Beispiel bilden rassistische Aussagen des damaligen SPD-Mitglieds Thilo Sarrazin, dessen 2010 von einem renommierten Verlag herausgegebenes Buch „Deutschland schafft sich ab" sogar zum Bestseller wurde.[34] Klarstellend sei daher angemerkt, dass in

---

[34] Vgl. zu dem 2010 erschienenen Buch: Deutsches Institut für Menschenrechte (2010); Europäische Kommission gegen Rassismus und Intoleranz des Europarats (2014), Ziffer 35ff.; vgl.

der politischen Bildung Aussagen von Politiker*innen sämtlicher Parteien oder etwa herausragender Persönlichkeiten des öffentlichen Lebens aufgegriffen und thematisiert werden können.

Genauso klar sollte allerdings auch sein, dass die AfD in der politischen Bildung im Themenfeld Rassismus und Rechtsextremismus zwingend zu thematisieren ist. Denn es gibt einen kategorialen Unterschied zwischen der AfD und anderen in den Parlamenten vertretenen Parteien. In der AfD sind rassistische und rechtsextreme Positionen Bestandteil ihres Programms sowie von Positionierungen durch Führungspersonen und Mandatsträger*innen bis hin zu offen ausgesprochenen Drohungen, in denen sie der Gewalt zur Erreichung ihrer politischen Ziele das Wort reden (vgl. Cremer 2022, S. 29ff.).

Bei der Thematisierung der AfD als Gesamtpartei ist zu beachten, dass sie ihre rassistische, national-völkische Grundausrichtung auch programmatisch zum Ausdruck bringt. Die Programme der Gesamtpartei weisen demnach eine nationalvölkische Ausrichtung auf (ebd.). Die AfD vertritt darin Positionen, die mit Art. 1 Absatz 1 und Art. 3 Absatz 3 GG nicht zu vereinbaren sind (ebd.). Dabei handelt es sich um fundamentale Normen der Menschenrechte, die für einen freiheitlichen demokratischen Rechtsstaat konstitutiv sind. Anders als es von ihren Mitgliedern immer wieder behauptet wird, steht die AfD daher nicht auf dem Boden des GG (vgl. Bötticher/Kopke/Lorenz 2019). Sie gibt sich stets das Image, eine bürgerliche, konservative und seriöse Partei zu sein, vertritt aber Positionen, die nicht mit der freiheitlichen demokratischen Grundordnung vereinbar sind.

Es ist insbesondere unzutreffend, die national-völkische Ausrichtung der AfD allein auf Mitglieder zu beschränken, die der besonders extremen, 2020 formal aufgelösten Parteiströmung „Flügel" zuzuordnen sind (vgl. Masuch 2020, S. 291). Zutreffend ist, dass in der AfD Führungspersonen und Mandatsträger*innen, die eindeutig erkennbar rechtsextreme Positionen vertreten, weit verbreitet sind. Hierzu gehören etwa diejenigen, die sich ehemals unter dem Namen „Flügel" zusammengeschlossen haben (vgl. Bundesamt für Verfassungsschutz 2019, 2020; Die Welt 2020). Sie dominieren nicht nur einzelne Landesverbände (vgl. Bötticher/Kopke/Lorenz 2019, S. 71f.; Land Brandenburg, Verfassungsschutz 2020; MDR Thüringen 2021), sie sind etwa auch Abgeordnete des Deutschen Bundestags (vgl. Cremer 2021c, S. 20ff.). Sofern die

zu den Äußerungen Sarrazins in einem 2009 erschienenen Interview: ebd.; Botsch (2009); Cremer (2017). Sarrazin wurde 2020 aus der SPD ausgeschlossen.

AfD einzelne Personen mit rechtsextremer Positionierung – möglicherweise öffentlichkeitswirksam – ausschließt, ändert dies nichts daran, dass zahlreiche Führungspersonen und Mandatsträger*innen innerhalb der AfD rechtsextreme Positionen vertreten (Bötticher/Kopke/Lorenz 2019). Es trifft mithin zu, dass es zahlreiche Führungspersonen und Mandatsträger gibt, die die Linie des (ehemaligen) Flügels verfolgen und – auch rhetorisch – für eine besonders eindeutige national-völkische Ausrichtung der Partei stehen, bis hin zu Drohungen, in denen sie der Gewalt das Wort reden. Zwar sparen die Grundsatzpapiere, die Programme, solche Drohungen aus, sie zeigen aber gleichwohl deutlich die rassistische, national-völkische Ausrichtung der Gesamtpartei. Die AfD, die sich nach ihrer Gründung zunehmend radikalisiert hat, ist insgesamt als eine rassistische, national-völkische und damit rechtsextreme Partei einzuordnen (vgl. umfassend Cremer 2022, S. 29ff.). Diese Dimensionen gilt es im Rahmen politischer Bildung zu vermitteln.

## Fazit

Die Grund- und Menschenrechte als Bestandteil der freiheitlichen demokratischen Grundordnung und die ihnen zugrunde liegenden Werte bilden die Grundlagen für die Aus- und Fortbildung von Polizist*innen, auch im Zusammenhang mit der politischen Bildung.

Es gehört zur Aufgabe der Lehrkräfte in der Aus- und Fortbildung von Polizist*innen, rassistische und rechtsextreme Positionen von politischen Parteien kritisch zu thematisieren. Dem stehen weder das Recht der Parteien auf Chancengleichheit (Art. 21 GG) noch gesetzliche Regelungen oder der Beutelsbacher Konsens entgegen, der in der politischen Bildung als Leitfaden dient. Rassistische Positionen sind insbesondere dann aufzugreifen und kritisch zu thematisieren, wenn sie sich sogar in Parteien finden, die in den Parlamenten vertreten sind. Solche Positionen kündigen die Menschenwürde als den Konsens auf, der in einer demokratischen, auf den Menschenrechten beruhenden Gesellschaft und für die grundgesetzliche Ordnung konstituierend ist. Daher ist es wichtig, dass die Thematik bei den unterschiedlichen Institutionen, die für die Aus- und Fortbildung von Polizist*innen zuständig sind, auch tatsächlich Aufnahme findet und behandelt wird – dies ist im Rahmen bestehender Lehrpläne zur Aus- und Fortbildung von Polizist*innen in unterschiedlichen Kontexten möglich.

Gerade die deutsche Geschichte hat gezeigt, dass die freiheitliche demokratische Grundordnung eines Staates zerstört werden kann, wenn rassistische Grundhaltungen nicht rechtzeitig auf energischen Widerstand stoßen, sich verbreiten und durchsetzen können. Daran erinnern auch zahlreiche Gedenk-, Dokumentations- und Bildungsstätten, die die Rolle der Polizei während der nationalsozialistischen Unrechtsherrschaft beleuchten und im Rahmen der Aus- und Fortbildung von Polizeibeamt*innen aufgesucht werden.[35] Der Nationalsozialismus ist daher in der politischen Bildung der Polizei nicht nur als historisches und abgeschlossenes Ereignis zu behandeln. Vielmehr geht es auch darum, gegenwärtige Erscheinungsformen von Rassismus zu thematisieren und die damit verbundenen Risiken für den gesellschaftlichen Frieden aufzuzeigen. Dies ist zentraler Bestandteil des staatlichen Auftrags politischer Bildung.

## Literatur und Dokumente

Auma, Maisha-Maureen (2017): Rassismus. Bundeszentrale für politische Bildung, https://www.bpb.de/gesellschaft/migration/dossier-migration/223738/rassismus (abgerufen am 22.04.2021).

Botsch, Gideon (2009): Gutachten im Auftrag des SPD-Kreisverbandes Spandau und der SPD-Abteilung Alt-Pankow zur Frage „Sind die Äußerungen von Dr. Thilo Sarrazin im Interview mit der Zeitschrift Lettre International (deutsche Ausgabe, Heft 86) als rassistisch zu bewerten?", online: http://www.nachdenkseiten.de/upload/pdf/100129_hinweise_2_sarrazin.pdf (abgerufen am 22.04.2021).

Bötticher, Astrid/Kopke, Christoph/Lorenz, Alexander (2019): Ist die Alternative für Deutschland (AfD) eine verfassungsfeindliche Partei, die vom Verfassungsschutz beobachtet werden sollte?, in: Möllers, Martin H. W./van Ooyen, Robert Chr. (Hg.), Jahrbuch Öffentliche Sicherheit 2018/2019, Frankfurt am Main, S. 55–72.

Brunhold, Andreas (2017): Wie tragfähig ist der Beutelsbacher Konsens heute?, in: Frech, Siegfried/Richter, Dagmar (Hg.), Der Beutelsbacher Konsens. Bedeutung, Wirkung, Kontroversen, Schwalbach/Ts., S. 87–103.

Bundesamt für Verfassungsschutz (2020): Fachinformation: Einstufung des „Flügel" als erwiesen extremistische Bestrebung, https://www.verfassungsschutz.de/SharedDocs/

---

[35] Hierzu gehören beispielsweise die Villa Ten Hompel in Münster (https://www.stadt-muenster.de/villa-ten-hompel/startseite), die Topographie des Terrors (https://www.topographie.de) oder die Gedenk- und Bildungsstätte Haus der Wannsee-Konferenz (https://www.ghwk.de/de/bildungsangebote) (abgerufen am 13.05.2021). Vgl. Schubert i.d.B.

kurzmeldungen/DE/2020/fachinformation-einstufung-fluegel-als-extremistische-bestrebung.html (abgerufen am 13.05.2021).

Bundesamt für Verfassungsschutz (2019): Gutachten zu tatsächlichen Anhaltspunkten für Bestrebungen gegen die freiheitliche demokratische Grundordnung in der „Alternative für Deutschland" (AfD) und ihren Teilorganisationen. Geheimhaltungsstufe: Verschlusssache – Nur für den Dienstgebrauch, Stand: 15. Januar 2019. Veröffentlicht von NETZPOLITIK.ORG am 28.01.2019, online: https://netzpolitik.org/2019/wir-veroeffentlichen-das-verfassungsschutz-gutachten-zur-afd/ (abgerufen am 10.03.2021).

Bundesministerium des Innern (2015): Erklärung des Forums gegen Rassismus 2015: Rassismus bekämpfen – Menschenrechte wahren, online: http://www.bmi.bund.de/SharedDocs/Kurzmeldungen/DE/2015/11/erklaerung-fgr-2015.html (abgerufen am 22.04.2021).

Bundesministerium des Innern, für Bau und Heimat (2020): Lexikon, Rechtsextremismus, online: https://www.bmi.bund.de/DE/service/lexikon/functions/bmi-lexikon.html?cms_lv2=9391124 (abgerufen am 28.03.2021).

Bundesministerium für Familie, Senioren, Frauen und Jugend (2018): Projekte zur Prävention von Rassismus und rassistischer Diskriminierung im Bundesprogramm „Demokratie leben!", Berlin, online: https://www.bmfsfj.de/resource/blob/130892/7230b66ab6286c1784b3abb79ace884d/projekte-zur-praevention-von-rassismus-und-rassistischer-diskriminierug-data.pdf (abgerufen am 28.07.2021).

Bundesregierung (2017): Nationaler Aktionsplan gegen Rassismus. Positionen und Maßnahmen zum Umgang mit Ideologien der Ungleichwertigkeit und den darauf bezogenen Diskriminierungen, Berlin, online: https://www.bmfsfj.de/resource/blob/116798/5fc38044a1dd8edec34de568ad59e2b9/nationaler-aktionsplan-rassismus-data.pdf (abgerufen am 28.07.2021).

Bundeszentrale für politische Bildung (2019): Wer steht zur Wahl? Parteiprofile, online: https://www.bpb.de/politik/wahlen/wer-steht-zur-wahl/287905/europawahl-2019 (abgerufen am 13.05.2021).

Bundeszentrale für politische Bildung (2014): Glossar, Ethnopluralismus, online: http://www.bpb.de/politik/extremismus/rechtsextremismus/173908/glossar?p=17 (abgerufen am 08.04.2021).

Cremer, Hendrik (2022): Rassistische und rechtsextreme Positionierungen im Dienste des Staates? Warum ein Eintreten für die AfD mit der verfassungsrechtlichen Treuepflicht nicht vereinbar ist. Berlin: Deutsches Institut für Menschenrechte.

Cremer, Hendrik (2021a): Bildungsauftrag Grund- und Menschenrechte in der Polizei. Zum Umgang mit rassistischen und rechtsextremen Positionen von Parteien, in: Möllers, Martin H. W./van Ooyen, Robert Chr. (Hg.), Jahrbuch Öffentliche Sicherheit 2020/21. Baden-Baden, S. 190–204.

Cremer, Hendrik (2021b): Nicht neutral. Rassistische und rechtsextreme Positionen von Parteien in der politischen Bildung, in: *Zeitschrift für Innere Führung* 64 (1), S. 13–19, online: https://www.bundeswehr.de/resource/blob/5014758/c083b129b6a2a9b70b-79d414ce4afd2b/if-zeitschrift-fuer-innere-fuehrung-01-2021-data.pdf (abgerufen am 10.04.2021).

Cremer, Hendrik (2021c): Nicht auf dem Boden des Grundgesetzes. Warum die AfD als rassistische und rechtsextreme Partei einzuordnen ist, Berlin: Deutsches Institut für Menschenrechte.

Cremer, Hendrik (2020): Das Verbot rassistischer Diskriminierung. Vorschlag für eine Änderung von Artikel 3 Absatz 3 Satz 1 Grundgesetz, Berlin: Deutsches Institut für Menschenrechte.

Cremer, Hendrik (2019a): Verbot rassistischer Diskriminierung. Methode des Racial Profiling ist grund- und menschenrechtswidrig, in: *Deutsches Polizeiblatt* 37 (3), S. 22–24.

Cremer, Hendrik (2019b): Das Neutralitätsgebot in der Bildung. Neutral gegenüber rassistischen und rechtsextremen Positionen von Parteien?, Berlin: Deutsches Institut für Menschenrechte.

Cremer, Hendrik (2017): Rassismus? – Die Entscheidung des UN-Ausschusses gegen rassistische Diskriminierung (CERD) im „Fall Sarrazin", in: Fereidooni, Karim/El, Meral (Hg.), Rassismuskritik und Widerstandsformen, Wiesbaden, S. 415–427.

Cremer, Hendrik/Cobbinah, Beatrice (2019): Rassistische Straftaten: Muss die Strafverfolgung und Ahndung effektiver werden?, in: *Strafverteidiger* (9), S. 648–654.

Cremer, Hendrik/Niendorf, Mareike (2020): Bildungsauftrag Menschenrechte. Zum Umgang mit rassistischen und rechtsextremen Positionen von Parteien, in: *Aus Politik und Zeitgeschichte* 70 (14–15), S. 22–27, online: https://www.bpb.de/apuz/306959/bildungsauftrag-menschenrechte (abgerufen am 28.07.2021).

Deutscher Bundestag (2013): Bericht des 2. Untersuchungsausschusses der 17. Wahlperiode, Drucksache 17/14600.

Deutscher Bundestag, Wissenschaftliche Dienste (2018): Neutralitätspflichten für Zuwendungsempfänger, Aktenzeichen WD 3 – 3000 – 117/18, online: https://www.bundestag.de/resource/blob/558246/d32f99f653618007e941cc8530d09da2/wd-3-117-18-pdf-data.pdf (abgerufen am 13.06.2021).

Deutsches Historisches Museum (2014): Konservative Revolution, online: https://www.dhm.de/lemo/kapitel/weimarer-republik/innenpolitik/konservative-revolution.html (abgerufen am 18.07.2021).

Deutsches Institut für Menschenrechte (2010): Stellungnahme zu Aussagen von Thilo Sarrazin, Mitglied im Vorstand der Deutschen Bundesbank, Berlin, online: https://www.institut-fuer-menschenrechte.de/fileadmin/user_upload/Publikationen/Stellungnahmen/stellungnahme_zu_aussagen_v_thilo_sarrazin__02_09_2010.pdf (abgerufen am 13.06.2021).

Die Welt (2020): Was Björn Höcke unter der Auflösung des Flügels versteht, 21.03.2020, online: https://www.welt.de/politik/deutschland/article206709271/AfD-Was-Bjoern-Hoecke-unter-der-Aufloesung-des-Fluegels-versteht.html (abgerufen am 17.07.2021).

Dişçi, Duygu (2019): Der Grundsatz politischer Neutralität. Grenzen der Äußerungsbefugnis politischer Amtsträger (Schriften zum Öffentlichen Recht, Bd. 1398), Berlin.

Europäische Kommission gegen Rassismus und Intoleranz des Europarats (2017): Allgemeine politische Empfehlung Nr. 7, online: https://rm.coe.int/ecri-general-policyrecommendation-no-7-revised-on-national-legislatio/16808b5aac (abgerufen am 22.04.2021).

Europäische Kommission gegen Rassismus und Intoleranz des Europarats (2014): ECRI-Bericht über Deutschland (fünfte Prüfungsrunde), online: https://www.institut-fuer-menschenrechte.de/fileadmin/user_upload/PDF-Dateien/Europarat_Dokumente/ECRI_Bericht_Deutschland_5_2014_de.pdf (abgerufen am 22.04.2021).

Frevel, Bernhard (2019): Politische Bildung und Polizei – Ein Werkstattbericht zum gleichnamigen Forschungs- und Entwicklungsprojekt, in: ders./Schmidt, Peter (Hg.), Empirische Polizeiforschung XXII. Demokratie und Menschenrechte – Herausforderungen für und an die polizeiliche Bildungsarbeit, Frankfurt am Main, S. 12–27.

Gewerkschaft der Polizei (GdP) (2021): Mitteilung: Bundesvorstand verabschiedet Unvereinbarkeitsbeschluss zur AfD, online: https://www.gdp.de/gdp/gdp.nsf/id/840050 47A0663F9EC1258696002EA651 (abgerufen am 18.04.2021).

Giesa, Christoph (2015): Die neuen Rechten – Keine Nazis und trotzdem brandgefährlich, in: *Aus Politik und Zeitgeschichte* 65 (40), S. 22–26, online: https://www.bpb.de/apuz/212358/keine-nazis-und-trotzdem-brandgefaehrlich (abgerufen am 06.05.2021).

Heinrich, Gudrun (2016): Politische Bildung gegen Rechtsextremismus und Rechtspopulismus. Welche Bedeutung hat der Beutelsbacher Konsens?, in: Widmaier, Benedikt/Zorn, Peter (Hg.), Brauchen wir den Beutelsbacher Konsens? Eine Debatte der politischen Bildung (Schriftenreihe der Bundeszentrale für politische Bildung, Bd. 1793), Bonn, S. 179–186, online: https://www.bpb.de/system/files/dokument_pdf/1793_Beutelsbacher_Konsens_ba.pdf (abgerufen am 28.07.2021).

Hufen, Friedhelm (2018): Politische Jugendbildung und Neutralitätspflicht, in: *Recht der Jugend und des Bildungswesens* (2), S. 216–221.

Huhle, Rainer (2008): Kurze Geschichte der Allgemeinen Erklärung der Menschenrechte, online: http://www.bpb.de/internationales/weltweit/menschenrechte/38643/geschichte-der-menschenrechtserklaerung?p=all (abgerufen am 22.04.2021).

Initiative Schwarze Menschen in Deutschland (ISD) (2015): Positionspapier der ISD zum Begriff „Rasse" in Gesetzen, Berlin, online: https://www.parlament-berlin.de/ados/17/Recht/vorgang/r17-0185-v_Stellungnahme%20ISD%20Bund%20e.%20V.pdf (abgerufen am 17.12.2021).

Janis, W. Mark/Kay, Richard S./Bradley, Anthony W. ([3]2008): European Human Rights Law, Text and Materials, New York.

Jesse, Eckhard (2017): Rechtsextremismus in Deutschland: Definition, Gewalt, Parteien, Einstellungen, in: *Neue Kriminalpolitik* 29 (1), S. 15–35.

Jesse, Eckhard/Mannewitz, Tom (2018): Konzeptionelle Überlegungen, in: dies. (Hg.), Extremismusforschung. Handbuch für Wissenschaft und Praxis, Bonn, S. 11–22.

Keskinkýlýç, Ozan Zakariya (2019): Was ist antimuslimischer Rassismus?, online: http://www.bpb.de/302514 (abgerufen am 22.04.2021).

Klausmann, Vincent (2019): Meinungsfreiheit und Rechtsextremismus. Das antinationalsozialistische Grundprinzip des Grundgesetzes (Recht und Gesellschaft, Bd. 11), Baden-Baden.

Kultusministerkonferenz (2018a): Menschenrechtsbildung in der Schule, Beschluss der Kultusministerkonferenz vom 04.12.1980 i. d. F. vom 11.10.2018, online: https://www.kmk.org/fileadmin/Dateien/veroeffentlichungen_beschluesse/1980/1980_12_04-Menschenrechtserziehung.pdf (abgerufen am 13.06.2021).

Kultusministerkonferenz (2018b): Demokratie als Ziel, Gegenstand und Praxis historisch-politischer Bildung und Erziehung in der Schule, Beschluss der Kultusministerkonferenz vom 06.03.2009 i. d. F. vom 11.10.2018, online: https://www.bpb.de/system/files/dokument_pdf/Beschluss_Demokratieerziehung.pdf (abgerufen am 13.06.2021).

Kutting, Isabelle M./Naziar, Amin (2020): Mit „Rasse" gegen Rassismus? Zur Notwendigkeit einer Verfassungsänderung, in: *Die öffentliche Verwaltung* (14), S. 612–617.

Kuschewski, Philipp (2018): Politische Bildung aus der Sicht polizeilicher Zielgruppen. Ein „Working Paper" zum bundesdeutschen Kooperationsprojekt „Politische Bildung und Polizei", in: *SIAK-Journal – Zeitschrift für Polizeiwissenschaft und polizeiliche Praxis* (4), S. 20–34, online: https://www.bmi.gv.at/104/Wissenschaft_und_Forschung/SIAK-Journal/SIAK-Journal-Ausgaben/Jahrgang_2018/files/Kuschewski_4_2018.pdf (abgerufen am 29.07.2021).

Land Brandenburg, Verfassungsschutz (2020): Verfassungsschutz stuft Brandenburger Landesverband der AfD als Beobachtungsobjekt ein, Pressemitteilung Nr. 029/20, online: https://buerokratieabbau.brandenburg.de/mik/de/start/service/presse/pressemitteilungen/detail/~15-06-2020-landesverband-der-afd-als-beobachtungsobjekt (abgerufen am 17.07.2021).

Liebscher, Doris/Wetzel, Juliane (2020): Umsetzung und Wirkung des ICERD in vier deutschsprachigen Ländern. Landesbericht Deutschland, in: Angst, Doris/Lantschner, Emma (Hg.), ICERD. Handkommentar, Baden-Baden, S. 534–559.

Mannewitz, Tom/Ruch, Hermann/Thieme, Tom/Winkelmann, Thorsten (2018): Einleitung, in: dies. (Hg.), Was ist politischer Extremismus? Grundlagen, Erscheinungsformen, Interventionsansätze, Frankfurt am Main, S. 5–14.

Masuch, Thorsten (2020): Die Verfassungstreue als beamtenrechtliche Kernpflicht, in: *Zeitschrift für Beamtenrecht* 68 (9), S. 289–301.

MDR Thüringen (2021): „Erwiesen extremistisch": Thüringens Verfassungsschutz beobachtet AfD, 12.05.2021, online: https://www.mdr.de/nachrichten/thueringen/verfassungsschutz-afd-beobachtung-100.html (abgerufen am 17.07.2021).

Otto, Patrick Christian (2016): Aufruf zu (Gegen-)Demonstrationen durch Hochschulen. Zu Existenz und Umfang eines universitären Neutralitätsgebots, in: *Wissenschaftsrecht* 49 (2), S. 135–151.

Overwien, Bernd (2019): Politische Bildung ist nicht neutral, in: *Demokratie. gegen Menschenfeindlichkeit* 4 (1), S. 26–38.

Pfahl-Traughber, Armin (2019): Die AfD und der Rechtsextremismus. Eine Analyse aus politikwissenschaftlicher Perspektive, Wiesbaden.

Quent, Matthias ([3]2019): Deutschland rechts außen: Wie die Rechten nach der Macht greifen und wie wir sie stoppen können, München.

Rensmann, Lars (2020): Die Mobilisierung des Ressentiments. Zur Analyse des Antisemitismus in der AfD, in: Heller, Ayline/Decker, Oliver/Brähler, Elmar (Hg.), Prekärer Zusammenhalt: Die Bedrohung des demokratischen Miteinanders in Deutschland, Gießen, S. 309–344.

Scharathow, Wiebke/Melter, Claus/Leiprecht, Rudolf/Mecheril, Paul (2011): Rassismuskritik, in: Melter, Claus/Mecheril, Paul (Hg.), Rassismuskritik. Band 1: Rassismustheorie und -forschung, Schwalbach/Ts., S. 10–12.

Schearer, Jamie/Haruna, Hadija (2013): Über Schwarze Menschen in Deutschland berichten, online: http://isdonline.de/uber-schwarze-menschen-in-deutschland-berichten/ (abgerufen am 16.07.2021).

Thieme, Tom (2019): Dialog oder Ausgrenzung – Ist die AfD eine rechtsextreme Partei?, online: http://www.bpb.de/politik/extremismus/rechtspopulismus/284482/dialog-oder-ausgrenzung-ist-die-afd-eine-rechtsextreme-partei (abgerufen am 22.05.2021).

Unabhängige Kommission Antiziganismus (2021): Perspektivwechsel. Nachholende Gerechtigkeit. Partizipation, Bundestagdrucksache 19/30310, online: https://dserver.bundestag.de/btd/19/303/1930310.pdf (abgerufen am 28.07.2021).

Unabhängiger Expertenkreis Antisemitismus (2017): Antisemitismus in Deutschland – aktuelle Entwicklungen, Berlin, online: http://www.bmi.bund.de/SharedDocs/downloads/DE/publikationen/themen/heimat-integration/expertenkreis-antisemitismus/expertenbericht-antisemitismus-in-deutschland.pdf?__blob=publicationFile&v=7 (abgerufen am 28.07.2021).

Westphal, Manon (2018): Kritik und Konfliktkompetenz. Eine demokratietheoretische Perspektive auf das Kontroversitätsgebot, in: *Aus Politik und Zeitgeschichte* 68 (13–14), S. 12–17, online: https://www.bpb.de/apuz/266578/kritik-und-konfliktkompetenz-eine-demokratietheoretische-perspektive-auf-das-kontroversitaetsgebot?p=all (abgerufen am 28.07.2021).

*Marco Gensch*

# Politische Bildung in der Bundeswehr und der Polizei Berlin im Vergleich

Ihre rechtliche Verankerung in der Ausbildung der Offizier- und Komissaranwärter*innen

## 1. Einleitung

Polizei und Streitkräfte sind besondere Zweige der staatlichen Verwaltung. Beide Organe waren für das Bestehen von autoritären Regimen und Diktaturen wie dem Dritten Reich und der DDR immens wichtig. Beide sind auch für die Bundesrepublik und ihre Bürger*innen bedeutend. Bundeswehr und Polizei sind beide bewaffnet, beide sind mit Eingriffsrechten im Verfassungsrang ausgestattet, mit denen sie potentiell auf jede*n Bürger*in und den Staat als Ganzes einwirken können. Die Vergangenheit lehrt, dass gerade diese beiden Institutionen den Geist von Demokratie und Rechtsstaatlichkeit internalisiert haben müssen, um diesen Staat zu schützen und ihn nicht selbst zu gefährden.

Behördliche, wissenschaftliche und journalistische Untersuchungen haben insbesondere in den vergangenen Jahren wiederholt demokratiefeindliche, v. a. rechtsextremistische Bestrebungen innerhalb beider Organisationen sichtbar gemacht (vgl. Kopke 2019). Die politische Entwicklung bietet Grund zu der Annahme, dass beide Organisationen künftig wohl eher mehr als weniger Probleme mit der Verbreitung extremistischer Ideologie durch ihre Angehörigen haben werden (Sturm 2019). Dies betrifft auch das potentielle Führungskorps beider Organisationen bzw. den Personenkreis, aus dem dieses rekrutiert werden soll.

Um extremistischem Gedankengut innerhalb von Polizei und Militär zu begegnen und Prävention speziell für die künftigen Kommissar*innen und Offizier*innen zu organisieren, bieten beide Organisationen ihren Anwärter*innen in der Ausbildungszeit politische Bildung verpflichtend an. Diese soll den Soldat*innen oder Polizist*innen helfen, ihren Standort in der Gesellschaft, ihre Rolle in diesem Staat bestimmen zu können (vgl. Behr 2019; Trappe 2019; vgl. Kopke/Kuschewski sowie Schubert i.d.B.). Sie soll die Anwärter*innen befähigen, die freiheitliche Demokratie aus innerer Überzeugung zu bejahen und zu verteidigen sowie extremistische oder andere unvereinbare Tendenzen zu erkennen, einzuordnen und zurückzuweisen (Bundesministerium der Verteidigung 2007, S. 15ff.; Salzborn 2015, S. 142; Der Polizeipräsident in Berlin 2021a).

Dieser Artikel geht der Frage nach, ob und wie die für Bundeswehr und die Berliner Polizei jeweils zuständigen Gesetz- und Verordnungsgeber, sowie die beiden Organisationen in ihren eigenen Zuständigkeitsbereichen selbst, die politische Bildung für ihre Offizier- bzw. Kommissaranwärter*innen rechtlich verankert haben. Welche Gesetze und nachrangigen Rechtsquellen regeln für die jeweilige Organisation, dass und wie politische Bildung in der Ausbildung durchgeführt wird?

In einem ersten Kapitel sollen die theoretischen Grundlagen der Arbeit vorgestellt werden. Der erste Unterabschnitt soll eine Definition von politischer Bildung, insbesondere ihrer Rolle im demokratischen Rechtsstaat enthalten. Daran anschließend folgen vertiefende Überlegungen zur Rolle, die politischer Bildung speziell in den Streitkräften und in der bewaffneten Eingriffsverwaltung in Deutschland zukommt. Besonderer Schwerpunkt hier liegt auf dem Ideal des demokratischen Rollenverständnisses beider Institutionen. Um Lerninhalte zu verinnerlichen, bedarf es der Überzeugung, dass das Gelehrte legitim ist. Es folgt deshalb ein Abschnitt, in dem eine für die Arbeit geltende Definition von Legitimität gefunden werden soll. Hierbei soll die Annahme herausgearbeitet werden, dass für die Angehörigen der vollziehenden Gewalt im Rechtsstaat letztlich zuvorderst eine Art von Vorgaben anerkennungswürdig sein muss: verfassungsmäßige Rechtsnormen.[1] Aus der Rechtslehre werden sodann Überlegungen hinsichtlich einer Hierarchie von Rechtsnormen bzw. -quellen übernommen. Formelle Gesetze, exekutive Rechtsverordnungen, Satzungen juristischer Personen des öffentlichen Rechts, Verwaltungsvorschriften, Einzelweisungen bzw. Befehle.

Da hier zwei Organisationen betrachtet werden, bietet sich als Forschungsmethode der politikwissenschaftliche Vergleich an (vgl. Hartmann 2003, S. 31–56; Kropp/Minkenberg 2005, S. 8–15; Pickel et al. 2003, S. 7–18). Die Arbeit beinhaltet naturgemäß auch Elemente der Einzelfallstudie, da nur zwei Vergleichsobjekte vorliegen. Diese lassen sich problemlos unter der Kategorie des Vergleichs subsumieren (vgl. Muno 2009, S. 113, 116). Alle Kommissaranwärter*innen

---

[1]    Art. 20 Abs. 3 GG: „Die […] vollziehende Gewalt und die Rechtsprechung sind an Gesetz und Recht gebunden."

durchlaufen ein dreijähriges Studium an einer Hochschule (Der Polizeipräsident in Berlin 2021b). Nahezu alle Offizieranwärter*innen absolvieren eine dreijährige militärfachliche Ausbildung, die durch ein mehrjähriges wissenschaftliches Hochschulstudium unterbrochen wird (Bundesministerium der Verteidigung 2019).[2] Insofern ist die Struktur der Ausbildung nicht gleich, aber grundsätzlich vergleichbar. Die zu vergleichenden Variablen ergeben sich aus den theoretischen Annahmen zu den Hierarchieebenen (Kap. 2.4). Im folgenden Untersuchungsteil werden dann die für die Vergleichsfälle Bundeswehr und Polizei des Landes Berlin relevanten Rechtsgrundlagen beleuchtet.

Eine Grundannahme lautet ausgehend von den Überlegungen zur Legitimität, dass politische Bildung wie jedes Tätigkeits- und Ausbildungsfeld hoch verrechtlicht sein sollte. Unter der Annahme dieses Verständnisses von Legitimität wird ein Thema als umso gewichtiger und wirkmächtiger wahrgenommen, je höher verrechtlicht es ist. Je mehr Normen existieren und je höherrangiger diese Normen sind, desto legitimer erscheinen unter dieser Prämisse die Inhalte von politischer Bildung und desto höher ist die Wahrscheinlichkeit, dass die Ziele politischer Bildung bei den Adressat*innen erreicht werden können. Eine Hypothese lautet deshalb, dass sowohl die Normendichte als auch die Hierarchie der vorhandenen Normen in Bundeswehr und Berliner Landespolizei ähnlich sind.

## 2. Theoretische Grundlagen

### 2.1. Die Rolle politischer Bildung im demokratischen Rechtsstaat

Politische Bildung bezeichnet allgemein „schulisches oder außerschulisches, institutionalisiertes oder freies, intentionales oder funktionales, aktives oder passives, verbales oder non-verbales, interaktionales Einwirken auf den (Mit-) Menschen, um politisches Verhalten, Handlungsbereitschaft und -kompetenz, demokratische Spielregeln und Grundwerte, Problembewußtsein und Urteilsfähigkeit usw. zu vermitteln" (Mickel 1996, S. 563f.; vgl. Sander 2013). In Deutschland ist die politische Kultur mehr als in anderen Staaten durch die

---

[2]  Eine Minderheit der Offizieranwärter*innen studiert nicht, sondern durchläuft alle Lehrgänge am Stück.

Geschichte geprägt, zuvorderst durch den Nationalsozialismus und seine Ver-
brechen (Bergem 2004, S. 39, 55). Im nach 1945 antitotalitären, seit den 68er
Protesten sich strukturell demokratisierenden und seit 1990 vereinten Deutsch-
land hat politische Bildung davon ausgehend klare Aufträge: Sie soll erstens der
Stabilisierung der freiheitlichen rechtsstaatlichen Demokratie dienen. Träger
dieses freiheitlichen Systems kann nur „die demokratische Persönlichkeit als
Gegenbild zur autoritären Persönlichkeit, der mündige Staatsbürger" (ebd.,
S. 43) sein. Das demokratische Denken muss erlernt und eingeübt werden.
Politische Bildung dient also zweitens der Erziehung bzw. Sozialisation dieser
Persönlichkeit im Bürger. Indem politische Bildung dem Ideal Demokratie die
Nazidiktatur „als historische Kontrastfolie, […] negatorischen Sinnstifter und
Identitätsgenerator" (ebd., S. 54) gegenüberstellt, kann sie drittens aufzeigen,
was die Alternativen zum demokratischen Rechtsstaat wären.

An diese Überlegungen anschließend erscheint es zweckmäßig, sich einer
Definition von politischer Bildung v. a. über die Adressaten (i. d. R. Erwachsene
mit hoher formaler Bildung) sowie deren Ziel, Mitarbeiter*innen der Exekutive
in einer „wehrhaften Demokratie" (Hars 1993, S. 58) zu werden, anzunähern.

## 2.2. Begründung politischer Bildung in Streitkräften und in der bewaffneten Ein-
griffsverwaltung in Deutschland

Auch in diesem engeren Themengebiet ist die Nazi-Zeit Fixpunkt jeder Darstellung und Beurteilung. „Im Mittelpunkt der Rechtsstaatsidee steht […] die
Forderung nach rechtlicher Kontrolle und politischer Mäßigung der Staatsge-
walt und der Anspruch auf den Schutz persönlicher Freiheit" (Döding/Schipper
1993, S. 13). Eine Armee nach dem Vorbild des sich formell apolitisch gebenden,
jede Verantwortung für das Gelingen der Demokratie ablehnenden, außerhalb
der Gesellschaft stehenden Offizierskorps der Reichswehr, die demokratische
Gesinnung ablehnt, ist in der Bundesrepublik genauso zu verhindern wie die
in den späteren Kriegsjahren aus der Hitlerjugend gebildeten Weltanschau-
ungskrieger (vgl. Heer/Naumann 1997; Reemtsma/Jureit 2002; Dierl et al. 2011;
Köhler et al. 2012). Politische Bildung in der Bundeswehr ist folgerichtig nach
Heinemann das reflektierende Gegenstück zur Traditionspflege, oder wissen-
schaftlich denotierte Geschichte gegenüber unwissenschaftlicher Bewahrung
von Brauchtum und Überlieferungen (Heinemann 2006, S. 449f.). Die politische Bildung in der Bundeswehr kann in mehrere Entwicklungsphasen ein-

geteilt werden: erstens eine Konsolidierungsphase der inneren und äußeren
Stabilisierung durch eher unreflektiertes Erlernen (oder „Einimpfen") eines
westlich-demokratischen Ethos und Abgrenzung zum gegnerischen Ostblock
bis in die 70er Jahre hinein – hauptsächlich begründet mit funktionellen Not-
wendigkeiten, wie etwa der Internalisierung der Demokratie und dem Verhindern eines erneuten Aufkommens von Staat-im-Staate-Mentalitäten (Hasselbeck 1996, S. 139ff.). Zweitens in eine langsam nachvollziehende innere Öffnung
vergleichbar der allgemeinen gesellschaftlichen seit dem Ende der 60er Jahre,
die das Individuum und Kritik am Bestehenden (in Grenzen) förderte, und die
bis zum Ende des Ost-West-Gegensatzes reichte (ebd., S. 143ff.). Drittens dann
in eine Phase, die noch andauert, mit dem Ende des Ost-West-Konflikts und
der Integration der NVA, der Suche nach neuer Legitimation von Streitkräften
bis zur Sinnsuche des einzelnen Soldaten in neuen Betätigungsfeldern (internationalen Konflikten über die Territorialverteidigung hinaus) (Hars 1993, S. 35ff.;
Haltiner 2006, S. 523f.). Einige Autor*innen sehen neben der funktionellen
Rolle politischer Bildung in der Sinnstiftung und Erhöhung der Wehrbereit-
schaft der Streitkräfte wie auch des einzelnen Soldaten in der Demokratie noch
eine andere: Nicht die Fähigkeit zum Krieg, zum Gefecht, also nicht was man
gemeinhin mit Militär assoziiert, sondern die Fähigkeit zum Frieden sollten
Soldaten beherrschen (Hars 1993, S. 136ff.).

In den aktuellsten Vorschriftenrevisionen der Bundeswehr zur Inneren Führung wie auch zur politischen Bildung nehmen sich die Änderungen inhaltlich
zurückhaltend aus. Grundsätzlich ist die Mehrheitsmeinung, politische Bildung
diene dazu, Einsicht in die Notwendigkeit von Wehrfähigkeit aufzubauen, auch
und gerade in der freiheitlichen auf Menschenrechten fußenden Demokratie,
klar erkennbar. Die Verbrechen der Wehrmacht und die Bindung an GG und
Menschenwürde, der Primat des demokratischen Gesetzgebers, die Einbindung
aller Soldaten in die Gesellschaft bilden den Kern der Führungsphilosophie
(Bundesministerium der Verteidigung 2008a, Z. 201–305). Politische Bildung ist
eines von drei gleichberechtigten Handlungsfeldern innerhalb der Führungskultur. Sie soll Sinn stiften, Selbstvergewisserung hinsichtlich der Zugehörigkeit zur Gesamtgesellschaft. Abweichend vom Schema Befehl und Gehorsam
soll hier Dienst und Demokratie erlebbar sein in Form von Mitgestaltung aller
Soldat*innen an Themen, Inhalten und Ablauf (ebd., Z. 602, 625–634). Politische Bildung ist das wesentliche affirmative Element der Inneren Führung und
der Kern der demokratischen Armee: Jede*r Soldat*in soll motiviert ihren/
seinen Auftrag erledigen können in dem Wissen, dass ihr/sein „Auftrag po-

litisch gewollt, militärisch leistbar sowie rechtlich und moralisch begründet ist" (Bundesministerium der Verteidigung 2007, Z. 303). Nicht wie in Hitlers Wehrmacht auf Angst und eingeimpftem Kadavergehorsam, sondern auf auf Moral und demokratischem Bewusstsein beruhender intrinsischer Motivation soll der Einsatz beruhen. „Politische Bildung schafft [so] eine wesentliche Voraussetzung für die Einsatzbereitschaft der Soldatinnen und Soldaten und damit auch für die Einsatzfähigkeit der Streitkräfte insgesamt" (ebd., Z. 110).

Die Schutzpolizei der Weimarer Republik schützte formal einen verherrlichten metaphysischen Staat als überzeitliches Gebilde, stand der täglichen Politik und vor allem den politischen Entscheidern jedoch ohne Loyalität bis hin zu offener Ablehnung gegenüber (Weinhauer 2008, S. 21 f.; Behrendes/Stenner 2008, S. 46 ff.). Die Weimarer Polizei hatte nach außen hin unparteilich versucht, den Frieden auf der Straße zu wahren, letztlich aber mit dem Fokus auf der Bekämpfung der Bedrohung von links, durch Unterwanderung von NSDAP-Angehörigen und aus Resignation wegen mangelnder Rückendeckung seitens der antirepublikanischen Justiz mit den Aufstieg der Braunhemden zu verantworten (Hausleitner 2011, S. 25 ff.). Leßmann-Faust verweist dahingehend auf Tendenzen, die früh in der Weimarer Zeit auf Zweifel an der Loyalität der Polizeiführung und Versuche, im Bunde mit reaktionären militärischen Kräften gemeinsam die Republik zu stürzen, hindeuten (Leßmann-Faust 1996, S. 134, 138).

Die Kripo und die Gestapo, die ursprünglich Staatsfeinde auszuschalten suchten, wurden ab 1936 mit dem Sicherheitsdienst des Reichsführers SS zur Sicherheitspolizei unter SS-Führung vereinigt. Mithilfe von Denunzianten und im engen Schulterschluss mit der Gestapo hat sich die Kripo nicht erst seit Kriegsausbruch am reichsweiten Terror beteiligt (Roth 2011, S. 44 ff.). Trotz aller Unschuldsbekundungen nach dem Krieg und des Abwälzens der Schuld auf andere Zweige des Regimes war „die kriminalpolizeiliche Arbeit [...] seit den 1940er Jahren unverkennbar mit dem nationalsozialistischen Massenmord verknüpft" (ebd., S. 50). Die Gestapo als Weltanschauungspolizei, als das „wichtigste Instrument der Exekution des Führerwillens" (Paul 2011, S. 56) steht bis heute als Symbol für den Unrechtsstaat. Auch die uniformierte Polizei kann sich nicht frei von Schuld reden. Es haben sich während des Krieges ganze Polizeibataillone unter Wehrmacht und SS hinter der Front als Mordkommandos an den Verbrechen beteiligt (vgl. Browning 2020). Aus Sicht der Besatzungsmächte und der verfassungsgebenden Versammlung durften sich solche Fehlentwicklungen nach dem Krieg nicht wiederholen, was beispielsweise im Alliierten Polizeibrief zum Ausdruck kam (Singer 2006).

Auch mit Blick auf die politische Bildung in der und für die Polizei können grob drei Phasen unterschieden werden. Jene hatte dabei zunächst ähnlich wie beim Wiederaufbau der Streitkräfte einen funktionalen Wert. Zuvorderst kam wirksame und effiziente Polizeiarbeit, die Aufarbeitung der eigenen Vergangenheit und eine Demokratisierung waren nachrangig. Politische Bildung war dabei das Vehikel, beides in Einklang zu bringen (Schulte 2003, S. 27). Die Herstellung von „Stabilität und Orientierung" (Weinhauer 2008, S. 23) des Einzelnen und des Gesamtgefüges und ein Besinnen auf die weniger belasteten Traditionen von vor 1933 waren in den Anfangsjahren angestrebt, dies zog allerdings zum Teil eine „heroisierende und mythologisierende Verklärung der Weimarer Polizei" (ebd., S. 27f.) nach sich. In dieser Phase kann noch das Gepräge von kasernierten paramilitärischen Einheiten erkannt werden. Hier kam es auf die Aufrechterhaltung der Moral durch ein klares Feindbild und eine davon positiv abgegrenzte eigene Identität an.[3] In den 1960er Jahren kam es zur Phase der sogenannten Entmilitarisierung oder „Entpolizeilichung" der Polizei (Schulte 2003, S. 166). Die Beamten sollten Teil der Gesellschaft werden, nicht mehr Antagonist, sondern integraler Bestandteil sein. Politische Bildung sollte zur Öffnung beitragen: Nach innen, indem sie beim Abbau alter hierarchisch-patriarchalischer Befehlsmentalität half (Dams 2008, S. 13). Nach außen, weil sie die Sinne schärfte für den Wandel von der Staatspolizei, die jede demokratische Willensbekundung in Form der grundgesetzlich legitimierten Demonstrationsfreiheit als Umsturzbewegung gegen den Staat wahrnahm, hin zur Bürgerpolizei, die den/die Bürger*in vor Eingriffen in seine/ihre Grundrechte auch und vor allem durch den Staat schützt (Schulte 2003, S. 175ff.). Dieser schmerzhafte Prozess der Zivilisierung und Anerkennung der Rechte des Bürgers gegen den Staat kann bis weit in die 80er Jahre gesehen werden (ebd., S. 173f., 186ff.). Die dritte Phase schließlich ist die Phase der Übernahme und Umschulung der DDR-Volkspolizisten zu Beamten in einer Demokratie und der Aussonderung von Regimeanhängern (Dams 2006, S. 122). Ob die Bürgerpolizei gegenwärtig in vollem Umfang hergestellt ist, ist nicht klar. So stellen Behrendes und Stenner (2008, S. 58) fest: „Die Polizei ist traditionell immer zwischen den Polen ‚Staat' und ‚Bevölkerung' verortet". Es bedürfe auch im 21. Jahrhundert ständiger Standortbestimmung.

---

3  Der Wertewandel innerhalb der Polizei verlief anders als in der Armee, in der es durch die Wehrpflicht stets einen Austausch von Personal und Ideen gab. Korpsgeist und Gemeinschaft war in der Ordnungspolizei sehr viel enger. Vgl. Weinhauer 2008, S. 22f.

## 2.3. Annahmen zur Legitimität politischer Bildung bei Angehörigen der vollziehenden Gewalt im Rechtsstaat

Nachdem geklärt ist, was Sinn und Zweck politischer Bildung sein soll, ist die Frage zu stellen, wie deren Inhalte wirkungsmächtig werden und wie eine Pflicht zum Angebot von politischer Bildung in den Institutionen hergeleitet werden kann. Es stellt sich die Frage, warum Dozent*innen oder Ausbilder*innen der künftigen Beamt*innen und Offizier*innen es für anerkennungswürdig erachten sollten, sie zu unterrichten und warum Anwärter*innen diesen Unterricht annehmen sollten. Die Frage der Legitimität stellt sich. Anerkennungswürdig sind solche Regeln, die sowohl auf eine als formal richtig anerkannte Art und Weise zustande gekommen sind, als auch moralisch hochrangige intersubjektive Werte beinhalten (Mandt 1996, S. 384f.). Da die grundsätzliche Bindung der Anwärter*innen an Gesetze, schriftliche Vorschriften und Weisungen ihrer Vorgesetzten besteht, soll für die hiesige Untersuchung ein bewusst reduziertes Verständnis von Legitimität angewandt werden: Legalität soll als der Kern jeder exekutiven Handlung gleichbedeutend sein mit Legitimität. Eine Reduktion auf ein solches basales Verständnis im Sinne von Legalität entspricht im Grundsatz noch den Bestimmungen des Grundgesetzes (die Gesetzesbindung der Exekutive wurde bereits angesprochen[4]) und lässt sich auf begrenztem Raum eher darstellen, als wenn eine intersubjektive Dimension wie Moral in die Messung einbezogen würde.

Für die vorliegende Arbeit gilt also die Annahme, dass politische Bildung von solchen Lehrkräften eher als anerkennungswürdig angesehen wird, die durch Gesetze oder andere Normen zur Durchführung angehalten werden. Ebenso kann als Annahme gelten, dass Anwärter*innen, die von Normen dazu angehalten werden, eher die Teilnahme an solchen Bildungsmaßnahmen anerkennen. Mithin lässt sich annehmen, dass politische Bildung dann gewissenhafter durchgeführt und die Inhalte eher internalisiert werden, wenn Gesetze oder andere anerkennungswürdige Regeln, die dies verlangen, vorliegen. Weiter lässt sich dann auch annehmen, dass je hochrangiger diese Regeln sind und je mehr Regeln kumuliert vorliegen, die Legitimität für die Betroffenen steigt.

---

[4]    Vgl. Art. 1 Abs. 3 i.V.m. Art. 20 Abs. 3 GG.

## 2.4. Überlegungen zur Hierarchie von Normen in der Rechtswissenschaft

Eng verbunden mit dem soeben hergeleiteten Verständnis von Legitimität sind die folgenden Überlegungen zu verschiedenen Klassen rechtlicher Normen. Mit Kelsen ist von einem „Stufenbau verschiedener Schichten von Normen" (Kelsen 2014, S. 228) auszugehen. Das Grundgesetz bildet die oberste Normenebene. Darunter stehen einfache Gesetze, die vom zuständigen Gesetzgeber gesatzt werden (ebd., S. 230f.). Diesen formellen Gesetzen sind wiederum sog. materielle Gesetze nachgeordnet. Das sind Normen, die von der Exekutive oder einem Ministerium bzw. einer Landesregierung erlassen werden, bspw. zur näheren Ausführung eines Parlamentsgesetzes (ebd., S. 235f.). Man nennt sie Exekutiv- oder Rechtsverordnungen bzw. Erlasse (Vogel 1998, S. 39f., 50ff.; Stelkens 2012, S. 396ff., 491ff.). Die beschriebene Stufenleiter trifft sowohl auf die Bundesebene als auch auf die Landesebene zu (Vogel 1998, S. 53).

Unterhalb der Gesetzesebene folgen dann sog. Satzungen, das sind „Regelungen, die eine Körperschaft des öffentlichen Rechts" – z. B. eine Hochschule – „zur Ordnung ihrer eigenen Angelegenheiten erlässt" (ebd., S. 52). Satzungen haben „weitgehend gesetzesgleiche Bindungswirkung: Sie sind allgemeinverbindlich (…) und geeignet, dem Bürger unmittelbar Rechte zu gewähren und Pflichten aufzuerlegen" (Stelkens 2012, S. 396). Als nächste Ebene können Verwaltungsvorschriften und Konzepte genannt werden, denen „keine gesetzesgleiche Bindungswirkung" (ebd., S. 401) zukommt. Diese werden von einer Verwaltung für das Handeln der in ihr Tätigen selbst erlassen. Die letzte für die Arbeit relevante Kategorie ist die Anordnung von Vorgesetzten an nachgeordnete Beamt*innen oder Soldat*innen, in der sich alle bisher erwähnten Vorschriften in faktisches Tun, Unterlassen oder Dulden umwandeln – der Befehl bzw. die Weisung. Ein an Soldat*innen gerichteter Befehl ist „eine Anweisung zu einem bestimmten Verhalten, die ein militärischer Vorgesetzter (§ 1 Abs. 3 des Soldatengesetzes) einem Untergebenen schriftlich, mündlich oder in anderer Weise, allgemein oder für den Einzelfall und mit dem Anspruch auf Gehorsam erteilt" (Deutscher Bundestag 2017b, § 2). Das spiegelbildliche Institut für Beamt*innen ist die Weisung. Diese stellen „konkret-individuelle dienstliche Anordnungen [dar], durch die von einem Beamten ein bestimmtes Tun oder Unterlassen verlangt wird" (DBB Beamtenbund und Tarifunion o. J.).

Im folgenden Abschnitt wird jeweils für die Bundeswehr und die Polizei Berlin dargestellt, auf welcher Ebene Regelungen zur Durchführung politischer Bildung in der Ausbildung ihres (potentiellen) Führungsnachwuchses vorliegen.

## 3. Die rechtliche Verankerung von politischer Bildung
in Bundeswehr und Polizei

*3.1. Normen zur politischen Bildung in der Ausbildung der Offizieranwärter\*innen
der Bundeswehr*

### 3.1.1. Gesetze und exekutive Verordnungen

Alle Soldat\*innen unterliegen dem Soldatengesetz (SG). Dieses beinhaltet die
Pflichten, der Bundesrepublik treu zu dienen sowie für die Einhaltung der freiheitlichen demokratischen Grundordnung einzutreten (Deutscher Bundestag
2020a, S. 7, 8). Dazu muss klar sein, um was es sich bei der Freiheitlich-demokratischen Grundordnung (FDGO) der Bundesrepublik handelt. Deshalb
beinhaltet das SG eine explizite Regelung zum „staatsbürgerlichen und völker-
rechtlichen Unterricht" (ebd., § 33). Dieser hat nicht einseitig eine politische
Sichtweise im Sinne einer Doktrin zu vermitteln, sondern muss den Vorgaben
des Beutelsbacher Konsenses (Schiele 2016, S. 68ff.) entsprechen (Deutscher
Bundestag 2020a, § 33). Die Soldatenlaufbahnverordnung zur näheren Ausführung des SG macht zur politischen Bildung keine Ausführungen (Bundesministerium der Verteidigung 2002). Es konnte keine weitere Rechtsverordnung
mit Vorgaben zur politischen Bildung identifiziert werden. Weder das Hochschulrahmengesetz, das Hamburgische Hochschulgesetz noch das Bayerische
Hochschulgesetz (die Universitäten der Bundeswehr liegen in diesen beiden
Bundesländern) enthalten für die studierenden Offizieranwärter\*innen und
Offizier\*innen eine Verpflichtung zur Teilnahme an Veranstaltungen der politischen Bildung (Deutscher Bundestag 1999; Hamburgische Bürgerschaft 2001;
Landtag des Freistaates Bayern 2006).

### 3.1.2. Satzungen

Die Bundeswehr und deren für die militärische, wehrrechtliche und ethische
Ausbildung zuständigen Truppen- und Offizierschulen gelten selbst nicht
als Körperschaften oder Anstalten des öffentlichen Rechts. Sie haben damit
keine Satzungsautonomie. Die beiden Universitäten der Bundeswehr sind
nach den jeweiligen Hochschulgesetzen jedoch damit ausgestattet (Universität der Bundeswehr München 2017; Helmut-Schmidt-Universität Universität
der Bundeswehr Hamburg 2020). Der überwältigende Teil eines Jahrgangs der
Offizieranwärter\*innen studiert, somit sind die Satzungen (zumeist Ordnungen
genannt) der beiden Universitäten für diese bindend. Eine gemeinverbindli-

che Norm zum Angebot von politischer Bildung haben die Universitäten der Bundeswehr kraft Satzungsrechts im Rahmen ihrer Autonomie jedoch nicht geschaffen.[5]

### 3.1.3. Verwaltungsvorschriften

Innerhalb der Bundeswehr gibt es verschiedene Bezeichnungen für Verwaltungsvorschriften. Zentrale Dienstvorschriften (ZDv) gelten für alle Teilstreitkräfte und Organisationsbereiche. Politische Bildung ist ein bundeswehrgemeinsames Aufgabengebiet und in der ZDv zur Inneren Führung (der Führungsphilosophie oder corporate identity) sowie in einer eigenen ZDv umfänglich geregelt (s.o.). Das Bundesministerium der Verteidigung hat also den Weg gewählt, politische Bildung auch untergesetzlich für alle Angehörigen detailliert zu regeln. Weiterhin wurden ergänzende Ausführungsbestimmungen erlassen, die im Schwerpunkt Vorgaben zur Mittelbeschaffung, Veranstaltungsorganisation und deren Finanzierung machen. Während sich die ZDv'en an alle Soldat*innen richten, sind diese Vorgaben für Maßnahmen der politischen Bildung an die Leitenden und Durchführenden, mithin also an die Vorgesetzten gerichtet (Bundesministerium der Verteidigung 2008b, Z. 105, 205ff.). Bereits Offizieranwärter*innen (v. a. die ohne Studium eingeplanten) können während Truppenpraktika durchaus selbst mit der Organisation politischer Bildung betraut werden, spätestens die fertig ausgebildeten Offizier*innen können sehr früh in Funktionen gelangen, in denen sie diese organisieren müssen. Daher richtet sich diese Vorschrift auch an alle Offizieranwärter*innen.

### 3.1.4. Befehle

Zu unterscheiden sind hier ständige Befehlslagen für alle Soldat*innen sowie solche, die gesondert für die Offizieranwärter*innen-Ausbildung erlassen werden. So wird jährlich durch den Leiter der Abteilung Führung Streitkräfte im Bundesministerium der Verteidigung eine sog. Weisung für die politische Bildung herausgegeben. Darin werden bezugnehmend auf die Anlage 6.3 – „Themen" der ZDv zur politischen Bildung – einige Schwerpunktthemen ausgewählt, die aufgrund von Aktualität, bspw. nationale oder internationale politische Entwicklungen mit hoher Relevanz für die Bundeswehr, oder ggf.

---

[5]  Zu beachten ist, dass die parallele Wirkung des SG fortbesteht und für alle Student*innen durch die militärischen Vorgesetzten an den Universitäten umzusetzen ist.

aufgrund eines bestimmten Jubiläums fokussiert werden sollen. Im Rahmen des
Befehls werden neben der Darstellung dieser Lage der verpflichtende Umfang,
die Aufgaben der Verantwortlichen sowie die unterstützender Einheiten (z. B.
Zentrum Innere Führung, Zentrum für Militärgeschichte und Sozialwissenschaften der Bundeswehr) genannt. So lassen sich die übergeordneten Regeln
jährlich aktuell konkretisieren. Die Truppenschulen und die Offizierschulen
erlassen für die Laufbahnlehrgänge der Offizieranwärter*innen Ausbildungs-
befehle, denen in der Regel detaillierte Stundentafeln für jedes Ausbildungsge-
biet mit den jeweiligen Ausbildungsinhalten und -zielen als Anlagen beigefügt
sind. In der Bundeswehr ist die politische Bildung damit bis auf die konkrete
Durchführungsebene hinunter mittels (Jahresausbildungs-)Befehlen geregelt.

### 3.2. *Normen zur Politischen Bildung im Studium der Anwärter*innen des gehobenen Dienstes der Polizei Berlin*

#### 3.2.1. Gesetze und exekutive Verordnungen

Einschlägig für Beamtenanwärter*innen des Landes Berlin ist das Beamtenstatusgesetz, wonach sie prinzipiell wie die Soldat*innen auch eine Pflicht
haben, im Sinne der FDGO zu handeln und für diese einzutreten (Deutscher
Bundestag 2017a, § 33). Diese Pflichten finden sich sinngemäß in den Bestimmungen über den Amtseid im Landesbeamtengesetz wieder (Abgeordnetenhaus des Landes Berlin 2009, § 48). Anders als bei Soldat*innen folgt aber im
weiteren Verlauf der einschlägigen Beamtengesetze kein Rechtsanspruch auf
politische Bildung.

Da alle Anwärter*innen des gehobenen Dienstes ein Fachhochschul-
studium absolvieren, gilt auch für sie entsprechend wie beim Großteil der
Offizieranwärter*innen mittelbar der § 7 HRG, hier i.V.m. § 21 des Berliner
Hochschulgesetzes. Letzteres enthält sinngemäß ähnliche Formulierungen
wie in Hamburg und Bayern, somit ist auch hier keine explizite Verpflichtung
enthalten (Abgeordnetenhaus des Landes Berlin 2011b). Zuletzt wäre noch
das Berliner Laufbahngesetz einschlägig, das aber auch nichts zum Thema
aussagt, sondern wie die Soldatenlaufbahnverordnung Grundsätze der Lauf-
bahnordnung regelt und überdies die nähere Regelung einer Rechtsverordnung überlässt (Abgeordnetenhaus des Landes Berlin 2011a, § 29).

Die Polizei-Laufbahnverordnung regelt im Detail Voraussetzungen und
Abläufe für Einstellung, Beurteilungen und Aufstiege, analog zur Soldaten-

laufbahnverordnung nimmt sie jedoch ebenfalls nicht Bezug zum Thema politische Bildung (Berliner Senatsverwaltung für Inneres und Sport 2012). Die Senatsverwaltung für Inneres hat außerdem eine Verordnung über die Ausbildung und die Prüfung für den Bachelorstudiengang gehobener Polizeivollzugsdienst (APOgDPol-B.A.) beschlossen, die verschiedentlich zumindest implizit auf Themen politischer Bildung Bezug nimmt. So sollen die Anwärter\*innen den „Wert eines ausgeprägt bürgerfreundlichen Verhaltens vermittelt" bekommen und die Bereitschaft entwickeln „jederzeit unter Beachtung sich wandelnder gesellschaftlicher Rahmenbedingungen bei unbedingter Treue zur Verfassung und zu rechtsstaatlichen Grundsätzen" (Berliner Senatsverwaltung für Inneres und Sport 2016, § 2) zu handeln. § 7 stellt auf die beamtenrechtlichen Verpflichtungen des Landes ab, hier kann auf die oben gemachten Ausführungen verwiesen werden. In § 9 werden die zu absolvierenden Module aufgezählt, und in § 5 Abs. 2 wird die „inhaltliche Ausgestaltung der Module […] der von der Hochschule für Wirtschaft und Recht Berlin zu erlassenden Studienordnung" überantwortet. Der Betrachtung der Studienordnung vorgreifend lässt sich argumentieren, dass hier nicht nur implizit Inhalte politischer Bildung angesprochen werden, denn die Module „Grund- und Menschenrechte" und „Die Polizei in Staat und Gesellschaft" beschäftigen sich mit diesem Thema.

### 3.2.2. Satzungen und Verwaltungsvorschriften

Die Ausbildung zum/zur Beamten/Beamtin des gehobenen Polizeivollzugsdienstes findet im Rahmen eines Bachelorstudiums an der Hochschule für Wirtschaft und Recht Berlin statt. Diese ist nach Berliner Landesrecht als Körperschaft öffentlichen Rechtes konstituiert und hat somit ebenfalls das Recht, im Rahmen der Hochschulautonomie Satzungen mit Bindungswirkung zu erlassen. Für sie gelten die erwähnte Rechtsverordnung sowie eine gesonderte Studienordnung (StudO/Pol B.A.) (Hochschule für Wirtschaft und Recht 2016). Die Anwärter\*innen absolvieren alle denselben Studiengang mit einigen Abweichungen, der Kern der Fächer ist gleich (Hochschule für Wirtschaft und Recht 2016, § 4). Insbesondere die Veranstaltungen zu den Grund- und Menschenrechten, das Modul zu Staat und Gesellschaft, Teile der soziologischen und kriminologischen Vorlesungen oder auch partiell die Module zum Polizei- und Ordnungsrecht (hier v. a. die Entwicklung des Rechts zum Datenschutz, der Datenerhebung und -verarbeitung) bzw. zur Kriminalistik (v. a. die historischen und politisch-historischen Bezüge) wei-

sen klare Relationen zur politischen Bildung auf.[6] Im Praxismodul 15 lautet
darüber hinaus ein Ausbildungsziel unter der Überschrift „Diversity […] die
menschliche Vielfalt und deren Auswirkung zu beachten".[7] Anders als bei
den Offizieranwärter*innen gibt es keine Möglichkeit, ohne Berührung mit
Themen politischer Bildung durch das Studium zu kommen. Die Hochschule
macht (i.V.m. den Vorgaben der APOgDPol-B.A.) klare Vorgaben in Form
einer Satzung. In Bezug auf Verwaltungsvorschriften existiert kein für die hier
bearbeitete Fragestellung weiteres relevantes Regelwerk.[8]

### 3.2.3. Weisungen
Einen dezidierten allgemeinen Ausbildungsbefehl bzw. eine entsprechende
Weisung gibt es für die Berliner Polizei nicht. Allerdings beinhaltet das Modul
15 des Studiums mehrere Praxisphasen mit verschiedenen Lehrgangsabschnit-
ten (Fahrsicherheittraining, Tatortfotografie, Einsatztrainings, Führungs-
und Einsatzseminar, usw.). Diese sind in Ausbildungsplänen mit Weisungs-
charakter festgelegt. Ausbildungsablauf, -inhalte und -ziele sind vorgegeben.
Diese Seminare finden jeweils am Semesterende in den vorlesungsfreien
Zeiten an der Polizeiakademie statt. Zwischen dem 4. und 5. Semester ist ein
Ausbildungsteil das Seminar „Polizei und Homosexualität", in dem es um
„Bearbeitung von Straftaten gegen Homosexuelle, […] Präventionsmöglich-
keiten und Opferschutzeinrichtungen, […und] Vorurteile gegen Homosexuelle" geht (Polizeiakademie 2018, S.7). Weitere Seminare mit Bezug zur
politischen Bildung gibt es nicht.


## 4. Gemeinsamkeiten und Unterschiede in der Verrechtlichung

Nachstehende Tabelle bietet einen Überblick über die dargestellten Untersu-
chungsergebnisse:

---

[6]  Vgl. ebd., Anlage 2, Module 01, 03, 07, 08, 10, 11, 13.
[7]  Vgl. ebd., Modul 15 Version K/G, S, A.
[8]  Vgl. E-Mails der Berliner Polizeiakademie an den Verf. vom 13.07.2017, 10.08.2017 sowie
    30.08.2017.

|  | Regelung für Offizieranwärter*innen: | Regelung für Kommissaranwärter*innen (Berlin): |
|---|---|---|
| Gesetz | *vorhanden* | nicht vorhanden |
| Rechtsverordnung | nicht vorhanden | *vorhanden* |
| Allgemein verbindliche Norm auf Satzungsebene | nicht vorhanden | *vorhanden* |
| Verwaltungsvorschrift | *vorhanden* | nicht vorhanden |
| Einzelanweisung (Befehl bzw. Weisung) | *vorhanden* | *vorhanden* |

Offizieranwärter*innen müssen sich insgesamt nach Normen der festgelegten ersten, vierten und fünften Ebene richten. Für Kommissaranwärter*innen existieren Normen der zweiten, dritten und fünften Hierarchie-Ebene. Sowohl Angehörige der Bundeswehr als auch der Berliner Polizei unterliegen je einer gesetzlichen Normierung sowie jeweils zwei untergesetzlichen. Kumuliert gelten somit jeweils drei Normen für beide Untersuchungsobjekte. Prinzipiell gelten nahezu gleiche Bindungen. Gemäß der aufgestellten Annahme über Normenwertigkeit und Normendichte ist also grundsätzlich davon auszugehen, dass für Offizier- als auch Kommissaranwärter*innen ein nahezu identisches Maß an objektivierbarer Legitimität vorherrscht.

## 5. Fazit: Gibt es Handlungsbedarf hinsichtlich der Institutionalisierung der politischen Bildung in der Bundeswehr und der Berliner Polizei?

Die Annahme über eine in beiden Vergleichsobjekten ähnlich hohe und dichte Verrechtlichung der politischen Bildung hat sich grundsätzlich bestätigt. Sowohl für die Ausbildung der Offizieranwärter*innen als auch der Berliner Anwärter*innen des gehobenen Polizeivollzugsdienstes gibt es weitreichende Regeln zum Angebot politischer Bildung.

In beiden Institutionen scheinen bisherige Anstrengungen der politischen Bildung, wie eingangs bemerkt, jedoch nicht in allen Fällen die gewünschte Wirkung zu haben. Grundsätzlich sollten daher Möglichkeiten einer Stärkung der politischen Bildung geprüft und diskutiert werden (Remme 2021).

Jeder Ausbildungserfolg hängt ohne Zweifel auch von sozialen und familiären Umständen, von didaktischem und pädagogischem Geschick sowie Auftreten des Lehr- und Ausbildungspersonals, von zuvor in der Schule erfolgter Sozialisation und auch von individueller intellektueller Leistungsfähigkeit und -bereitschaft ab. Dennoch erzeugt und bedingt eine hohe Regelungsdichte für die künftigen Führungskräfte in einem nicht zu unterschätzenden Maß ein mentales Leitsystem, einen Handlungskorridor. Die Sozialisationsleistung von Regeln ist unbestritten.

In den Streitkräften bestehen Normen auf sehr hoher (Gesetzes-) und niedriger (Vorschriften- und Befehls-)Ebene. Das Universitätsstudium als ein sehr wichtiger und langer Ausbildungsabschnitt für annähernd alle zukünftigen Offizier*innen könnte kraft Hochschulrechtssetzung ggf. strikter reglementiert werden. Es wäre auch ernsthaft zu überlegen, ob in der Polizei ggf. eine explizite gesetzliche Regelung zur Durchführung von Veranstaltungen der politischen Bildung in der Ausbildung der Kommissaranwärter*innen eingeführt werden sollte. Für den täglichen Gebrauch könnte auch eine Überführung in eine verbindliche (Verwaltungs-)Vorschrift angeraten sein.

Der mögliche Einwand einer Gefahr der Überregulierung ist nicht plausibel. Zuvorderst zeigt beispielsweise eine transparente Gesetzesinitiative und die parlamentarische Auseinandersetzung das Interesse des Gesetzgebers an einem Handlungsfeld. Das kann als symbolische Unterfütterung die Legitimität der Regelungsmaterie gleichwohl erhöhen. Ebenso zeigt eine untergesetzliche, erst recht eine behördeninterne Normierung, dass auch die eigenen Vorgesetzten sich kümmern. Ein*e aufrechte*r, vorbildhaft handelnde*r Vorgesetzte*r, die/ der ggf. unter Beteiligung entsprechender Mitarbeitergremien eine Vorschrift ausarbeiten und beschließen lässt, verleiht einem Projekt ebenso höhere Anerkennung. Sie/er zeigt Haltung, eine Tugend guter Vorgesetzter. In schriftlich-fixierter Form existiert dann ein Bezugsdokument als Identifikationssymbol. Die Wahrscheinlichkeit einer professionellen und methodisch hochwertigen Umsetzung wird dann sicher nicht kleiner, sondern eher größer. Hier besteht Handlungsbedarf.

## Literaturverzeichnis

Abgeordnetenhaus des Landes Berlin (2011a): Gesetz über die Laufbahnen der Beamtinnen und Beamten. LfbG. Fundstelle: GVBl. 2011, 266, 21.06.2011, online verfügbar unter https://gesetze.berlin.de/bsbe/document/jlr-LbGBE2011rahmen, zuletzt geprüft am 15.01.2021.

Abgeordnetenhaus des Landes Berlin (2011b): Gesetz über die Hochschulen im Land Berlin. BerlHG. Fundstelle: GVBl. 2011, 378, 26.07.2011, online verfügbar unter https://gesetze.berlin.de/bsbe/document/jlr-HSchulGBE2011rahmen, zuletzt geprüft am 15.01.2021.

Abgeordnetenhaus des Landes Berlin (2009): Landesbeamtengesetz. LBG, vom 17.12.2020. Fundstelle: GVBl. 2009, 70, 19.03.2009, online verfügbar unter https://gesetze.berlin.de/bsbe/document/jlr-BGBE2009rahmen, zuletzt geprüft am 15.01.2021.

Behr, Rafael (2019): Menschenrechtsgewährleistung und interkulturelle Kompetenz in der Polizeiarbeit, in: Kugelmann, Dieter (Hg.), Polizei und Menschenrechte, Bonn (Schriftenreihe der Bundeszentrale für Politische Bildung, Bd. 10451), S. 383–396.

Behrendes, Udo/Stenner, Manfred (2008): Bürger kontrollieren die Polizei?, in: Leßmann-Faust, Peter (Hg.), Polizei und Politische Bildung, Wiesbaden, S. 45–88.

Bergem, Wolfgang (²2004): Die Vergangenheitsprägung deutscher politischer Kultur und Identität, in: Breit, Gotthard/Berg-Schlosser, Dirk (Hg.), Politische Kultur in Deutschland. Eine Einführung, Schwalbach/Ts., S. 38–57.

Berliner Senatsverwaltung für Inneres und Sport (2016): Verordnung über die Ausbildung und die Prüfung für den Bachelorstudiengang gehobener Polizeivollzugsdienst, APOgDPol – B.A., in: Gesetz- und Verordnungsblatt für Berlin, 16.02.2016, online verfügbar unter https://www.berlin.de/sen/justiz/service/gesetze-und-verordnungen/2016/ausgabe-nr-6-vom-4-3-2016-s-57-72.pdf, zuletzt geprüft am 14.01.2021.

Berliner Senatsverwaltung für Inneres und Sport (2012): Verordnung über die Laufbahnen der Beamtinnen und Beamten des Polizeivollzugsdienstes – Schutzpolizei, Kriminalpolizei, Gewerbeaußendienst, Pol-LVO, in: Gesetz- und Verordnungsblatt für Berlin, 18.12.2012, online verfügbar unter https://www.berlin.de/sen/justiz/service/gesetze-und-verordnungen/2012/ausgabe-nr-32-vom-29-12-2012-seite-529-bis-556.pdf, zuletzt geprüft am 15.01.2021.

Browning, Christopher R. (2020): Ganz normale Männer. Das Reserve-Polizeibataillon 101 und die „Endlösung" in Polen, erw. Neuausgabe, Hamburg.

Bundesministerium der Verteidigung (Hg.) (2019): Karriere als Offizier (m/w/d). Ihr Einstieg mit (Fach-)Abitur oder Studienabschluss, online verfügbar unter https://www.bundeswehrkarriere.de/blueprint/servlet/blob/168496/a3d170fa3fd540ec762580b-38d4aeb88/broschuere-offiziere-data.pdf, zuletzt geprüft am 14.01.2021.

Bundesministerium der Verteidigung (2008a): Zentrale Dienstvorschrift A-2600/1 – Innere Führung. Selbstverständnis und Führungskultur, 28.01.2008.

Bundesministerium der Verteidigung (2008b): Zentralrichtlinie A2-2620/1-0-1 – Vorgaben für Maßnahmen der politischen Bildung, 01.11.2008.

Bundesministerium der Verteidigung (2007): Zentrale Dienstvorschrift A-2620/1 – Politische Bildung in der Bundeswehr, 28.11.2007.

Bundesministerium der Verteidigung (2002): Verordnung über die Laufbahnen der Soldatinnen und Soldaten. SLV, vom 19.08.2011, 19.03.2002, online verfügbar unter https://www.gesetze-im-internet.de/slv_2002/BJNR111100002.html, zuletzt geprüft am 15.01.2021.

Dams, Carsten (2008): Polizei in Deutschland 1945–1989, in: *Aus Politik und Zeitgeschichte* 58 (48), S. 9–14, online verfügbar unter https://www.bpb.de/apuz/30822/die-polizei-in-deutschland-1945-1989, zuletzt geprüft am 15.01.2021.

Dams, Carsten (2006): Politikfeldanalyse Innere Sicherheit, in: Frevel, Bernhard/Asmus, Hans J./Dams, Carsten/Liebl, Karlhans/Groß, Hermann/Sensburg, Patrick E. (Hg.), Politikwissenschaft. Studienbuch für die Polizei, Hilden/Rhld., S. 102–144.

DBB Beamtenbund und Tarifunion (Hg.) (o.J.): Lexikon: Weisungsrecht. DBB Beamtenbund und Tarifunion, online verfügbar unter https://www.dbb.de/lexikon/themenartikel/w/weisungsrecht.html, zuletzt geprüft am 14.01.2021.

Der Polizeipräsident in Berlin (Hg.) (2021a): Politische Bildung. Polizeiakademie, online verfügbar unter https://www.berlin.de/polizei/dienststellen/polizeiakademie/ausbildung-mittlerer-polizeivollzugsdienst/ausbildungsschwerpunkte/artikel.579550.php, zuletzt geprüft am 14.01.2021.

Der Polizeipräsident in Berlin (Hg.) (2021b): Studium – Gehobener Dienst Schutzpolizei/ Kriminalpolizei. Der Polizeipräsident in Berlin, online verfügbar unter https://www.berlin.de/polizei/beruf/polizist-polizistin-werden/ausbildung-studium/gehobener-dienst-schutzpolizei-kriminalpolizei/, zuletzt geprüft am 14.01.2021.

Deutscher Bundestag (2020): Gesetz über die Rechtsstellung der Soldaten. SG, vom 30.05.2005. 19.06.2020. Fundstelle: Bundesministerium der Justiz und für Verbraucherschutz, online verfügbar unter https://www.gesetze-im-internet.de/sg/BJNR001140956.html, zuletzt geprüft am 14.01.2021.

Deutscher Bundestag (2017a): Gesetz zur Regelung des Statusrechts der Beamtinnen und Beamten in den Ländern. BeamtStG, vom 17.06.2008, 08.06.2017.

Deutscher Bundestag (2017b): Wehrstrafgesetz. WStG, vom 24.05.1974, 30.10.2017, online verfügbar unter https://www.gesetze-im-internet.de/wstrg/BJNR002980957.html, zuletzt geprüft am 15.01.2021.

Deutscher Bundestag (1999): Hochschulrahmengesetz. HRG, vom 26.01.1976, 19.01.1999, online verfügbar unter https://www.gesetze-im-internet.de/hrg/BJNR001850976.html, zuletzt geprüft am 15.01.2021.

Dierl, Florian/Hausleitner, Mariana/Hölzl, Martin/Mix, Andreas (Hg.) (2011): Ordnung und Vernichtung. Die Polizei im NS-Staat, Dresden.

Döding, Horst/Schipper, Dieter ($^2$1993): Die Polizei im demokratischen Rechtsstaat. Eine Einführung in polizeiliches Grundlagenwissen, Hilden/Rhld.

Haltiner, Karl (2006): Vom Landesverteidiger zum militärischen Ordnungshüter, in: Gareis, Sven Bernhard/Klein, Paul (Hg.), Handbuch Militär und Sozialwissenschaft, Wiesbaden, S. 518–526.

Hamburgische Bürgerschaft (2001): Hamburgisches Hochschulgesetz. HmbHg, vom 18.12.2020. 18.07.2001. Fundstelle: HmbGVBl. 2001, S.171, online verfügbar unter http://www.landesrecht-hamburg.de/jportal/portal/page/bshaprod. psml?showdoccase=1&doc.id=jlr-HSchulGHArahmen, zuletzt geprüft am 15.01.2021.

Hars, Henning (1993): Zwischen Friedenserziehung und Kriegsausbildung. Politische Bildung in der Bundeswehr im Umbruch, Bremen.

Hartmann, Jürgen (2003): Vergleichende Regierungslehre und vergleichende Politikwissenschaft, in: Berg-Schlosser, Dirk/Müller-Rommel, Ferdinand (Hg.), Vergleichende Politikwissenschaft, Wiesbaden, S.31–56.

Hasselbeck, Thomas (1996): Politische Bildung unter systemtheoretischem Aspekt. Eine Fallanalyse am Beispiel von Streitkräften, Bonn (Forschung aktuell/Karl-Theodor-Molinari-Stiftung e.V., Bildungswerk des Deutschen Bundeswehr-Verbandes, Bd. 6).

Hausleitner, Mariana (2011): Die Polizei in der Weimarer Republik, in: Dierl u. a. (2011), S.16–29.

Heer, Hannes/Naumann, Klaus (⁵1997): Vernichtungskrieg. Verbrechen der Wehrmacht 1941 – 1944, Frankfurt am Main.

Heinemann, Winfried (2006): Militär und Tradition, in: Gareis, Sven Bernhard/Klein, Paul (Hg.), Handbuch Militär und Sozialwissenschaft, Wiesbaden, S.449–458.

Helmut-Schmidt-Universität Universität der Bundeswehr Hamburg (Hg.) (2020): Rahmenbestimmungen für Struktur und Organisation der Helmut-Schmidt-Universität Universität der Bundeswehr Hamburg. Helmut-Schmidt-Universität Universität der Bundeswehr Hamburg, online verfügbar unter https://www.hsu-hh.de/asv/wp-content/uploads/sites/776/2020/05/Rahmenbest.-f%C3%BCr-Struktur-und-Organisation-HSU-HH-13-05-2020.pdf, zuletzt geprüft am 15.01.2021.

Hochschule für Wirtschaft und Recht (2016): Studienordnung des Bachelorstudiengangs Gehobener Polizeivollzugsdienst des Fachbereichs Polizei und Sicherheitsmanagement der Hochschule für Wirtschaft und Recht Berlin, in: Mitteilungsblatt der HWR Berlin, 12.04.2016 (06/2017), online verfügbar unter https://www.berlin.de/sen/justiz/service/gesetze-und-verordnungen/2016/ausgabe-nr-6-vom-4-3-2016-s-57-72.pdf, zuletzt geprüft am 15.01.2021.

Kelsen, Hans (²2014): Reine Rechtslehre. Mit einem Anhang: das Problem der Gerechtigkeit: unter Berücksichtigung von Kelsens Änderungen anlässlich der Übersetzung ins Italienische 1966, Tübingen.

Köhler, Thomas/Kaiser, Wolf/Gryglewski, Elke (2012): „Nicht durch formale Schranken gehemmt". Die deutsche Polizei im Nationalsozialismus; Materialien für Unterricht und außerschulische politische Bildung, Bonn.

Kopke, Christoph (2019): Polizei und Rechtsextremismus, in: *Aus Politik und Zeitgeschichte* 69 (21–23), S.36–42, online verfügbar unter https://www.bpb.de/apuz/291189/polizei-und-rechtsextremismus, zuletzt geprüft am 18.01.2021.

Kropp, Sabine/Minkenberg, Michael (Hg.) (2005): Vergleichen in der Politikwissenschaft, Wiesbaden.

Landtag des Freistaates Bayern (2006): Bayerisches Hochschulgesetz. BayHSchG. 23.05.2006. Fundstelle: GVBl. S. 245, online verfügbar unter https://www.gesetze-bayern.de/Content/Document/BayHSchG?AspxAutoDetectCookieSupport=1, zuletzt geprüft am 15.01.2021.

Leßmann-Faust, Peter (1996): Reichswehr und preußische Schutzpolizei im ersten Jahrfünft der Weimarer Republik, in: Nitschke, Peter (Hg.), Die deutsche Polizei und ihre Geschichte. Beiträge zu einem distanzierten Verhältnis, Hilden/Rhld. (Schriftenreihe der Deutschen Gesellschaft für Polizeigeschichte, Bd. 2), S. 119–138.

Mandt, Hella ([4]1996): Legitimität, in: Nohlen, Dieter (Hg.), Wörterbuch Staat und Politik, München, S. 383–388.

Mickel, Wolfgang W. ([4]1996): Politische Bildung, in: Nohlen, Dieter (Hg.), Wörterbuch Staat und Politik, München, S. 561–563.

Muno, Wolfgang (2009): Fallstudien und die vergleichende Methode, in: Pickel, Susanne/Pickel, Gert /Lauth, Hans-Joachim/Jahn, Detlef (Hg.), Methoden der vergleichenden Politik- und Sozialwissenschaft, Wiesbaden, S. 113–131.

Paul, Gerhard (2011): Die Gestapo, in: Dierl u. a. (2011), S. 54–65.

Pickel, Susanne/Lauth, Hans-Joachim/Jahn, Detlef/Pickel, Gert (2003): Vergleichende Methoden in der amerikanischen und deutschen Politikwissenschaft: Debatten und Entwicklungen, in: Pickel, Susanne/Pickel, Gert/Lauth, Hans-Joachim/Jahn, Detlef (Hg.), Vergleichende politik-wissenschaftliche Methoden, Wiesbaden, S. 7–18.

Polizeiakademie (2018): Ausbildungsplan für das Modul 15 – Kriminalpolizei – der an der Hochschule für Wirtschaft und Recht (HWR) Berlin – Fachbereich 5 – Polizei und Sicherheits-management – studierenden Beamtinnen und Beamten der Praktikumsgruppen des 4./5. Semesters (WS 17/18 und SoSe 18), Berlin, zuletzt geprüft am 09.07.2018.

Reemtsma, Jan Philipp/Jureit, Ulrike (Hg.) ([2]2002): Verbrechen der Wehrmacht. Dimensionen des Vernichtungskrieges 1941 – 1944, Hamburg.

Remme, Klaus (2021): „Wir brauchen mehr politische Bildung in der Bundeswehr". Wehrbeauftragte Högl zum Rechtsextremismus, Deutschlandfunk, 14.03.2021, online verfügbar unter https://www.deutschlandfunk.de/wehrbeauftragte-hoegl-zum-rechtsextremismus-wir-brau-chen.868.de.html?dram%3Aarticle_id=494012&fbclid=IwAR0iOaOL7YtxA9VgVZk55e430OzlkoBEQnL5abK9cxpXQ98BwbMwsUowWyU, zuletzt geprüft am 16.03.2021.

Roth, Thomas (2011): Die Kriminalpolizei, in: Dierl u. a. (2011), S. 42–53.

Salzborn, Samuel ([2]2015): Rechtsextremismus. Erscheinungsformen und Erklärungsansätze, Bonn (Schriftenreihe der Bundeszentrale für Politische Bildung, Bd. 1623).

Sander, Wolfgang ([4]2013): Politik entdecken – Freiheit leben. Didaktische Grundlagen politischer Bildung, Schwalbach/Ts. (Politik und Bildung, Bd. 50).

Schiele, Siegfried (2016): Der Beutelsbacher Konsens ist keine Modeerscheinung! Zu seiner historischen Genese und gegenwärtigen Aktualität, in: Widmaier, Benedikt/Zorn, Peter (Hg.), Brauchen wir den Beutelsbacher Konsens? Eine Debatte der politischen Bildung, Bonn (Schriftenreihe der Bundeszentrale für Politische Bildung, Bd,

1793), S. 68–77. Online verfügbar unter https://www.bpb.de/system/files/dokument_
pdf/1793_Beutelsbacher_Konsens_ba.pdf, zuletzt geprüft am 17.12.2021.

Schulte, Wolfgang (2003): Politische Bildung in der Polizei. Funktionsbestimmung von 1945 bis zum Jahr 2000, Frankfurt am Main.

Singer, Jens (2006): Das Trennungsgebot – Teil 1. Politisches Schlagwort oder verfassungsrechtliche Vorgabe?, in: *Die Kriminalpolizei. Zeitschrift der Gewerkschaft der Polizei* (9), online verfügbar unter https://www.kriminalpolizei.de/ausgaben/2006/september/detailansicht-september/artikel/das-trennungsgebot-teil-1.html, zuletzt geprüft am 15.01.2021.

Stelkens, Ulrich (2012): 1. Referat von Universitätsprofessor Dr. Ulrich Stelkens, Speyer, in: Lienbacher, Georg/Grzeszick, Bernd/Calliess, Christian et al. (Hg.), Grundsatzfragen der Rechtsetzung und Rechtsfindung. Referate und Diskussionen auf der Tagung der Vereinigung der Deutschen Staatsrechtslehrer in Münster vom 5. bis 8. Oktober 2011, Berlin/Boston (Veröffentlichungen der Vereinigung der Deutschen Staatsrechtslehrer, Bd. 71), S. 369–417.

Sturm, Michael (2019): Nichts gelernt? Die Polizei und der NSU-Komplex, in: Dürr, Tina/Becker, Reiner (Hg.), Leerstelle Rassismus? Analysen und Handlungsmöglichkeiten nach dem NSU, Frankfurt am Main, S. 110–123.

Trappe, Tobias (2019): Menschenrechtsbildung als Recht des Polizeibeamten, in: Kugelmann, Dieter (Hg.), Polizei und Menschenrechte, Bonn (Schriftenreihe der Bundeszentrale für Politische Bildung, Bd. 10451), S. 45–72.

Universität der Bundeswehr München (Hg.) (2017): Rahmenbestimmungen für Struktur und Organisation der Universität der Bundeswehr München, online verfügbar unter https://dokumente.unibw.de/pub/bscw.cgi/d10543370/Rahmenbestimmungen%20-%20September%202017.pdf, zuletzt geprüft am 15.01.2021.

Vogel, Joachim (1998): Juristische Methodik, Berlin/Boston.

Weinhauer, Klaus (2008): Zwischen Tradition und Umbruch. Schutzpolizei in den 1950er bis 1970er Jahren (Personal, Ausbildung, Revierdienst, Großeinsätze), in: Leßmann-Faust, Peter (Hg.), Polizei und Politische Bildung, Wiesbaden, S. 21–43.

*Kai E. Schubert*

# Antisemitismus als Gegenstand der akademischen Polizeiausbildung

Überlegungen zu Relevanz, Spezifik und pädagogischer Bearbeitung des Themas

## 1. Einleitung

Der 09. Oktober 2019 hat das Thema Antisemitismus unmittelbar auch auf die politische Agenda gebracht. An diesem Tag verübte ein Attentäter einen Anschlag auf die Synagoge der Jüdischen Gemeinde in Halle (Saale). Mit eigens hergestellten Schusswaffen und Sprengsätzen versuchte er am jüdischen Feiertag Yom Kippur in das Gebäude einzudringen, um die dort betenden Personen zu töten (vgl. Speit 2020; Erb 2020). Als dies nicht gelang, erschoss der Täter eine Passantin und einen Kunden eines Imbisses, weitere Personen wurden mitunter schwer verletzt. Hätte der Attentäter seine Pläne umsetzen können, wäre der verheerendste antisemitische Anschlag in Deutschland seit 1945 die Folge gewesen. Dieses Ereignis verdeutlichte der ganzen Republik die mörderische Bedrohung durch den Antisemitismus, aber auch politische und sicherheitsbehördliche Fehleinschätzungen der Gefahrenlage – die Synagoge hatte, trotz einer entsprechenden Bitte der Gemeinde, am höchsten jüdischen Feiertag Yom Kippur keinen Polizeischutz. Verschiedene Daten weisen bereits seit längerer Zeit auf ein hohes, z. T. steigendes Risiko hin, das von Antisemitismus ausgeht. Hierzu gehören Daten bezüglich eines recht konstanten antisemitischen Einstellungspotentials in der deutschen Bevölkerung (vgl. Kiess et al. 2020; Küpper/Zick 2020; Zick 2021). Die amtliche Kriminalstatistik wies wiederum im Jahr 2019 sowie in 2020 und 2021 erneut einen Spitzenwert antisemitischer Straftaten seit dem Beginn des Erfassungssystems Politisch motivierte Kriminalität 2001 aus (Bundesministerium des Innern, für Bau und Heimat/ Bundeskriminalamt 2021, S. 7). Auch Betroffene erleben und berichten einen Anstieg der Gefahr durch Antisemitismus (vgl. European Union/Agency for Fundamental Rights 2018; Beyer/Liebe 2020).

Unterschiedliche politische Reformen wurden nach dem Anschlag von Halle angekündigt, um Online-Radikalisierung und Antisemitismus repressiv und präventiv entgegenzuwirken. Während aktuelle Perspektiven auf Antisemitismus und insbesondere öffentliche Debatten mittlerweile häufiger dessen – zweifellos sehr relevante – israelbezogene Ausdrucksformen und in Bezug auf die Herkunftsmilieus von Straftätern (männliche) Muslime bzw. Migranten fokussieren, ist für ein vollständiges Bild unbedingt die lange Geschichte eines auch antisemitischen Rechtsterrorismus in der alten BRD zu berücksichtigen. Gewaltsame und im Extremfall terroristische Angriffe auf Jüdinnen und Juden sind seit Jahrzehnten in der Bundesrepublik zu beobachten (vgl. Steinke 2020). Es existiert eine starke Traditionslinie in Staat und Gesellschaft, diese Gewaltgeschichte nicht wahrzunehmen oder zu marginalisieren (vgl. Salzborn/Quent 2019). Auch antisemitische Dimensionen des aktuellen Rechtsextremismus werden nicht genügend wahrgenommen.

Unter „Antisemitismus" versteht der Unabhängige Expertenkreis Antisemitismus, eine zur Beratung der Bundesregierung eingerichtete Institution, eine „Sammelbezeichnung für alle Einstellungen und Verhaltensweisen, die den als Juden wahrgenommenen Einzelpersonen, Gruppen oder Institutionen aufgrund dieser Zugehörigkeit negative Eigenschaften unterstellen" (Bundesministerium des Innern 2017, S. 24). Differenziert werden hier religiöser, sozialer, politischer, nationalistischer, rassistischer, sekundärer und israelbezogener Antisemitismus (ebd., S. 25–27). Neben drastischen Gewaltaktionen existieren weniger offensichtliche Formen von Antisemitismus, die sich etwa in Markierungen, Ausgrenzungen und Diskriminierung von als jüdisch wahrgenommenen Personen und Institutionen ausdrücken. Diese werden von der nichtjüdischen Mehrheitsgesellschaft häufig weniger oder auch gar nicht wahrgenommen, geschweige denn skandalisiert. Für viele Jüdinnen und Juden bilden sie jedoch eine alltagsprägende Erfahrung (vgl. Poensgen/Steinitz 2019a; Reimer-Gordinskaya/Tzschiesche 2020). Generell ist der bundesdeutsche Umgang der Mehrheitsgesellschaft mit dem Thema Antisemitismus von Überzeugungen geprägt, die eine nachhaltige Auseinandersetzung mit Antisemitismus (z. T. erheblich) erschweren (vgl. Jikeli 2020). Dies beinhaltet nicht selten die Betonung der generellen Bedeutung der Erinnerung an die Shoa, die staatlicherseits längst angemessen aufgearbeitet worden sei. In der Folge wird Antisemitismus z. T. auf seine historische Facette verkürzt, die wiederum für die Gegenwart keine wesentliche Auseinandersetzung mehr erforderlich mache (vgl. Salzborn 2020).

In den vergangenen Jahren ergaben sich im gesellschaftlichen Diskurs jedoch Gelegenheiten, auf die ungebrochene Existenz von Antisemitismus und die dringende Notwendigkeit weiterer Anstrengungen gegen ihn hinzuweisen. Pädagogische Arbeit gegen Antisemitismus, Rassismus, Rechtsextremismus und weitere Phänomene wird allerdings bereits seit längerer Zeit v. a. mit dem Blick auf die Zielgruppe der Jugendlichen diskutiert (vgl. Baier/Grimm 2022). Deutlich weniger Überlegungen liegen in Bezug auf eine Thematisierung von Antisemitismus in Kontexten politischer Erwachsenenbildung vor und nur in einzelnen Fällen wird hier die Hochschullehre thematisiert (vgl. Czollek 2013; Eppenstein 2020). Die Untersuchung von Verena Nägel und Lena Kahle (2018), die nach der Anzahl und Art der Lehrveranstaltungen zu den Themen Nationalsozialismus und Holocaust an deutschen Universitäten fragte, kam zu ernüchternden Ergebnissen – diese Situation dürfte an anderen, praxisorientierten Hochschulen nicht unbedingt besser sein. Die dezidierte Auseinandersetzung mit (aktuellen Formen des) Antisemitismus dürfte wiederum noch geringer ausfallen und bildet mit Blick auf Studiengänge, die primär berufspraktische Kompetenzen vermitteln, eine seltene Ausnahme (Bundesministerium des Innern 2017, S. 217).

Den Sicherheitsbehörden im Allgemeinen und der Polizei im Besonderen kommt in der Auseinandersetzung mit Antisemitismus eine zentrale Rolle zu: Diese sollte im demokratischen Rechtsstaat die Sicherheit aller Bürger*innen gewährleisten, Ansprechpartnerin für Betroffene von antisemitisch motivierter Kriminalität sein und in der Lage sein, Straftäter*innen konsequent zu identifizieren, sie der Strafverfolgung zuzuführen und, falls möglich, Straftaten zu verhindern (vgl. Kopke/Kuschewski i.d.B.). Dies stellt die Polizei jedoch vor nicht geringe Herausforderungen: Während klassisch-modernen Formen des Antisemitismus eine gewisse, mitunter auch hohe Aufmerksamkeit entgegengebracht wird, trifft dies nicht auf alle Dimensionen von Judenfeindschaft gleichermaßen zu. Dies betrifft (nicht nur) im Bereich des Rechtsextremismus die auffallende weitgehende Abwesenheit einer Thematisierung des israelbezogenen Antisemitismus (vgl. Botsch/Kopke 2016; Botsch 2019; Schreiter 2021). Ein weiteres Beispiel in diesem Zusammenhang ist die vergleichsweise seltene Auseinandersetzung mit dem Antisemitismus der noch nicht umfänglich aufgearbeiteten rechtsterroristischen Gruppe „Nationalsozialistischer Untergrund" (NSU) sowie ihrem Umfeld (vgl. Quent/Rathje 2019).

Hinzu kommt, dass in der bundesdeutschen, immer heterogener werdenden Gesellschaft Antisemitismus längst nicht (mehr) auf das politische Spektrum der (extremen) Rechten beschränkt ist. Die Situation stellt sich heute deutlich komplexer dar als beispielsweise in der Gründungszeit der Bundesrepublik. Hinzu kommen Antisemitismen in u. a. verschiedenen islamistischen und nationalistischen Zusammenhängen, in Teilen der radikalen politischen Linken sowie in verschwörungsideologischen und vermeintlich „unpolitischen" Kontexten. Häufig wird Antisemitismus nicht offen und somit klar erkennbar ausgedrückt, sondern über Codes, Chiffren und Andeutungen. Auch in ihnen drückt sich eine Haltung gegenüber Jüdinnen und Juden aus, die mit dem Risiko eines übergriffigen und ggf. strafbaren Verhaltens verbunden ist. Große Probleme bereiten Betroffenen und Strafverfolgungsbehörden auch antisemitische und anderweitig menschenfeindliche Formen von Hassrede im Internet, die auch Teil von Radikalisierungsprozessen sein können (vgl. Schwarz-Friesel 2019; Troschke/Becker 2019; Becker 2020, Hübscher/Mehring 2022). Polizeibeamt*innen sind einerseits mit hohen gesellschaftlichen und politischen Erwartungen und einem daraus resultierenden Handlungsdruck hinsichtlich einer Ahndung und Verhinderung antisemitischer Taten, andererseits mit einem Gegenstand konfrontiert, der häufig als verunsichernd, schwer greifbar oder auch gar nicht wahrgenommen wird. Hinzu kommen diverse Vorfälle in Zusammenhang mit Rechtsextremismus innerhalb der Polizei, die in den letzten Jahren starke Beachtung gefunden haben (vgl. Kopke 2019; Meisner/Kleffner 2019; Nußberger 2021). In diesem Kontext wurde neben gegen Muslim*innen sowie Geflüchtete gerichtetem Rassismus auch wiederholt Antisemitismus beobachtet. Auch hieraus ergibt sich ein Bedarf an Orientierung über und Auseinandersetzung mit dem Gegenstand Antisemitismus für die Polizei.[1]

Vor diesem Hintergrund hat der vorliegende Artikel die Zielsetzung, Gründe für die Notwendigkeit der dauerhaften und flächendeckenden Verankerung einer Auseinandersetzung mit aktuellen Formen des Antisemitismus in der Polizeiausbildung darzustellen. Hierfür werden zunächst die transformierten Formen des modernen Antisemitismus beschrieben, der in der Gegenwart in der Regel durch Formen von „Umwegkommunikation" geäußert werden (Bergmann/Erb 1986). Hierbei kann keine umfassende Darstellung erfolgen, der Schwerpunkt liegt auf Facetten des Themas, die für die *Weiterentwicklung* einer *polizeilichen* Auseinandersetzung mit *aktuellen* Formen des Antisemitismus besonders relevant erscheinen.[2] Dargestellt wird

---

[1]　Zu den Bedarfen nach Auseinandersetzung mit Antisemitismus weiterer Sicherheitsbehörden vgl. Meisner/Kleffner 2019; Liebscher et al. 2020.

[2]　Hierfür sind zwangsläufig Entscheidungen für und gegen die Entfaltung von Teilaspekten zu treffen. Dass in diesem Artikel etwa die christlichen Wurzeln des Antisemitismus, der Antisemitismus in der DDR und der Antisemitismus innerhalb der politischen Linken nicht ausführlich angesprochen werden, ist vor diesem Hintergrund zu sehen.

anschließend die Relevanz des Themas Antisemitismus für die Polizeiausbildung, wobei ein Schwerpunkt auf die Situation in Berlin gelegt wird. Die dortige Hochschule für Wirtschaft und Recht ist mit dem akademischen Anteil der polizeilichen Ausbildung zum gehobenen Dienst betraut und bietet seit dem Wintersemester 2019/20 jedes Semester ein vom Verfasser entwickeltes und durchgeführtes Modul zur Auseinandersetzung mit Antisemitismus im Rahmen des entsprechenden Bachelor-Studiums an.[3] Es werden Anknüpfungspunkte und Unterschiede zu bereits bestehenden Ausbildungsinhalten identifiziert. In einem weiteren Abschnitt folgen Anregungen und Empfehlungen für eine entsprechende Didaktik auf inhaltlicher und methodischer Ebene.

## 2. Transformierte Formen des Antisemitismus nach 1945 als bedeutende Kontexte des aktuellen Antisemitismus

Nach 1945 setzte sich in Deutschland eine Tabuisierung bzw. Sanktionierung des offen und öffentlich geäußerten Antisemitismus durch. In der Folge blieb die Kommunikation antisemitischer Ressentiments latent und wurde entweder im nicht- bzw. halböffentlichen Bereich oder durch Rückgriff auf weniger „heikle" Themen vollzogen (Bergmann/Erb 1986). Bis heute sind in diesem Zusammenhang insbesondere Formen des Antisemitismus bedeutsam, die sich gegen Jüdinnen und Juden als vermeintliche „Ankläger" (wegen der Shoah) gegen Deutschland sowie gegen die Erinnerung und das Gedenken an die NS-Verbrechen und Entschädigungszahlungen richten. Hierzu zählen Formen von Holocaust-Leugnung und vielfältige Varianten von seiner Verharmlosung, Befürwortung, Dethematisierung und Relativierung (vgl. Bergmann 2007). Propagandadelikte mit einem positiven Bezug zur NS-Zeit bzw. einem Schuldabwehrcharakter machen einen bedeutsamen Anteil der bekannten antisemitischen Straftaten aus.

Eine hieran häufig anschließende Möglichkeit, antisemitische Gefühle auszudrücken, ist der Staat Israel als Feindbild.

---

[3]  Der Autor dankt allen Studierenden und Kooperationspartner*innen, die an den Lehrveranstaltungen mitgewirkt haben.

„Die Vorurteilskommunikation beginnt zumeist auf zulässigem Terrain (Kritik an Israels Politik), um dann immer unverhüllter antisemitische Überzeugungen zum Ausdruck zu bringen. Hat man sich einmal eines Konsenses hinsichtlich einer kritischen Haltung zu Israels Politik versichert, wirkt dies offenbar in Richtung einer Aufhebung des Kommunikationstabus auch für antijüdische Äußerungen" (Bergmann/Heitmeyer 2005, S. 228).

Anders als (mehr oder weniger) rationale Kritik an Maßnahmen einer israelischen Regierung, die zumindest unterschiedliche Interessen im Nahostkonflikt anerkennt und abwägt und dessen grundsätzliche Komplexität anerkennt, erscheint der Staat Israel in antisemitischen Darstellungen als grundsätzliches Übel ohne Existenzberechtigung, dass an allen Problemen (mindestens) im Nahen Osten schuldig ist (vgl. Schwarz-Friesel/Reinharz 2013; Schwarz-Friesel 2019). Im israelbezogenen Antisemitismus wird der jüdische Staat auf besonders weitgehende und spezifische Weise diffamiert und ausgegrenzt. Hierbei kommen mitunter Stereotypen des klassischen Antisemitismus zum Einsatz. „In gewisser Weise nimmt der Staat Israel auf kollektiver Ebene sieben Jahrzehnte nach seiner Gründung dieselbe Rolle des ‚Anderen' ein, die die Juden jahrtausendelang als Individuen gespielt haben" (Brenner 2016, S. 22).

### 3. Antisemitismus und seine Bearbeitung in Berlin

Die Relevanz einer Auseinandersetzung des Landes Berlin mit Antisemitismus ergibt sich aus den Fallzahlen entsprechender Ereignisse (vgl. Laube 2021) sowie dem Umstand, dass in Berlin viele jüdische Personen leben und diverse jüdische und israelische Institutionen hier existieren. Somit gibt es eine ganze Reihe potentieller Ziele antisemitischer Angriffe: Diese können Synagogen, Gemeindehäuser, Friedhöfe, Schulen und die Botschaft des Staates Israel umfassen, aber auch Orte, Institutionen und Veranstaltungen, von denen angenommen wird, dass sich dort Jüdinnen und Juden aufhalten oder die anderweitig als „jüdisch" markiert werden (z. B. die Amadeu-Antonio-Stiftung, Gastronomiebetriebe von Israelis, israelische Partys etc.). Berlin stellt auch ein wichtiges Ziel von Reisenden dar, u. a. von jüdischen Tourist*innen aus Europa, den USA und Israel. Durch die aktuelle empirische Erhebung des „Berlin-Monitors" konnte gezeigt werden, dass die Zustimmung zu antisemitischen Aussagen in der Berliner Bevölkerung zwar geringer als im Bundesdurchschnitt ausfällt, jedoch in einem nicht unbedeutenden Teil vorhanden ist (Pickel et al. 2019, S. 56). Auch wenn sich Antisemitismus „auf relativ kleine Gruppen in der Berliner Bevölkerung" beschränkt, stellt er nichtsdestotrotz ein ernst zu nehmendes Problem und eine Bedrohung für Jüdinnen und Juden dar (ebd., S. 66, 68). U. a. durch die hohe demographische Diversität der Bevölkerung ist das Land Berlin mit der ganzen Vielfältigkeit antisemitischer Phänomene konfrontiert.

2019 wurde in Berlin der bundesweit erste und bislang einzige Antisemitismusbeauftragte bei der Polizei benannt.[4] Dieser arbeitet eng mit der Antisemitismus-Beauftragten der Berliner Generalstaatsanwaltschaft sowie dem 2019 erstmals benannten und seit 2020 hauptamtlich besetzten Ansprechpartner des Landes Berlin zum Thema Antisemitismus zusammen. In Berlin existiert seit 2015 die zivilgesellschaftliche Recherche- und Informationsstelle Antisemitismus (RIAS)[5], die antisemitische Vorfälle aller Art, auch solche jenseits von (potentieller) Strafbarkeit, registriert und Betroffenen unterschiedliche unterstützende Angebote macht (vgl. Poensgen/Steinitz 2019a, b). RIAS veröffentlicht regelmäßige Berichte sowie anlassbezogene Analysen einzelner Ereignisse wie relevanter (Groß-)Veranstaltungen, z. B. politische Versammlungen. RIAS tauscht sich mit der Polizei regelmäßig über Fallzahlen sowie einzelne relevante Vorfälle aus. Seit Juli 2020 betreibt der Träger des Projekts RIAS Berlin, der Verein für demokratische Kultur in Berlin, außerdem das ebenfalls vom Land Berlin geförderte bundesweit einzigartige Projekt „Regishut – Sensibilisierung zu Antisemitismus in der Berliner Polizei" (vgl. Lorenz-Milord/Schwietring/ Steder i.d.B.).

Auch außerhalb Berlins gibt es entsprechende Initiativen: Seit 2018 besteht z. B. eine Kooperation der Zentralwohlfahrtsstelle der Juden in Deutschland (ZWST) mit der Stabsstelle Polizeiliche Extremismusprävention der Landespolizeidirektion Thüringen. Fachleute der ZWST sind hierüber auch an der Polizeiausbildung an der Thüringer Fachhochschule für öffentliche Verwaltung beteiligt. Das Tikva Institut gUG startete 2021 das Projekt „EMPATHIA[3] (EMpowering Police officers And TeacHers In Arguing Against Antisemitism)" in Kooperation mit der Hochschule für Polizei und öffentliche Verwaltung NRW und gefördert durch das BMBF.[6] Das Land Berlin finanziert in Form von

---

4   https://www.berlin.de/polizei/aufgaben/antisemitismusbeauftragte-r/.
5   Vgl. www.report-antisemitism.de.
6   Vgl. https://tikvahinstitut.de/projekte/ sowie Jahn 2021.

OFEK e. V.[7] auch eine Anlauf- und Beratungsstelle für Betroffene antisemitischer Gewalt sowie das zivilgesellschaftliche Projekt „Psychologische Beratung für Opfer rechtsextremer, rassistischer & antisemitischer Gewalt"[8].

Die Ausbildung zum gehobenen Dienst der Berliner Polizei findet im Rahmen eines Bachelor-Studiums an der Hochschule für Wirtschaft und Recht statt.[9] Teil des Studiums ist ein Wahlpflichtbereich in Form von zwei Vertiefungsmodulen (mit jew. 3 Semesterwochenstunden), die den Student*innen die Auseinandersetzung mit einer selbstgewählten aktuellen Thematik ermöglichen. Das Thema Antisemitismus wird sowohl an dieser Stelle, als auch z. T. im Rahmen weiterer Pflicht- und Wahlpflichtmodule eingebracht. In letzterem Fall sind jedoch Art und Umfang der Thematisierung stark von dem/der jeweiligen Dozent*in abhängig.

## 4. Schnittstellen zu etablierten Lerngegenständen in der akademischen Polizeiausbildung

### 4.1. Historisch-politische Bildung: Die Polizei im Nationalsozialismus

Die pädagogische Auseinandersetzung mit Antisemitismus im Rahmen akademischer Polizeiausbildung knüpft insbesondere an die Thematisierung der Rolle der Polizei im Nationalsozialismus an: „Die Bekämpfung und Prävention antisemitischer Einstellungen erfolgt bei der Polizei, wie in fast allen relevanten Instanzen, mehrheitlich im Kontext historischer Bildung" (Bundesministerium des Innern 2011, 149). Hierbei ist von Bedeutung, dass der zivile Charakter der Polizei im NS aufgehoben wurde. Ihr Zweck im NS-Staat war nicht die Durchsetzung des (demokratischen) Rechts, sondern der diktatorisch erlassenen NS-Gesetze und insbesondere der Verfolgung als Feinde markierter Gruppen (Benz 2000, S. 112f.). Als Teil der „Einsatzgruppen" waren Polizisten in Kooperation mit Wehrmacht, SS und dem „Sicherheitsdienst des Reichsführers SS" (SD) direkt an Verbrechen der Shoah, insbesondere auf dem Gebiet der Sowjetunion, beteiligt. Einen z. T. noch anzutreffenden Mythos von einer „sauberen"

---

[7]  https://ofek-beratung.de/berlin. OFEK ist außerdem an Standorten in Hessen, Baden-Württemberg und Sachsen-Anhalt sowie in Sachsen erreichbar.
[8]  https://www.opra-gewalt.de/.
[9]  Hinzu kommen Ausbildungsteile an der Polizeiakademie.

Ordnungspolizei (analog zur vermeintlich „sauberen Wehrmacht"), die nicht in Kriegsverbrechen und Verbrechen gegen die Menschheit involviert war, gilt es zu hinterfragen (vgl. Deppisch 2017; Dierl et al. 2011; Browning 2020). Die Auseinandersetzung mit diesen und weiteren Aspekten des NS ist aus verschiedenen Gründen wichtig. Nicht zuletzt kann sie zur Bildung bzw. Schärfung des polizeilichen Selbstverständnisses im demokratischen Rechtsstaat beitragen (vgl. Wrochem 2018). Zentral ist auch die Reflexion auf die gesellschaftlichen und eben auch staatlichen personellen und z. T. auch ideologischen Kontinuitäten in West- und Ostdeutschland, die sich langjährig, mitunter bis in die Gegenwart, auswirk(t)en. Zu prüfen wäre, ob die regelmäßige Zusammenarbeit von NS-Gedenkstätten und Zentren historisch-politischer Bildung wie z. B. der Bildungsabteilungen der Gedenk- und Bildungsstätte Haus der Wannsee-Konferenz, der Gedenkstätte Sachsenhausen oder der Topographie des Terrors am historischen Ort des Reichssicherheitshauptamts mit der Berliner Polizei-Aus- und -Fortbildung noch ausgebaut bzw. systematisiert werden kann.

Historische Bildung zum NS und zur Shoah, die z. B. an Gedenkstätten und anderen Bildungsorten stattfindet, kann jedoch nur sehr bedingt einen Beitrag zur Auseinandersetzung mit den aktuell vorherrschenden Formen des Antisemitismus leisten (Haug 2017). Ein Lernen über die Shoah muss nicht zwingend mit einer vertieften Auseinandersetzung mit der antisemitischen Ideologie einhergehen. Auch existieren und dominieren in der Gegenwart Formen des Antisemitismus, die sich nicht positiv auf die Shoah oder den NS beziehen, ja sogar mit der klaren Abgrenzung zu diesem verbunden sein können. Unter Pädagog*innen besteht eine große Einigkeit dahingehend, dass politisch-historische Bildung über den NS und in NS-Gedenkstätten, so sinnvoll sie an sich ist bzw. sein kann, nicht gegen aktuelle Formen von Menschenfeindlichkeit und Autoritarismus immunisiert. Auch aus diesem Grund bearbeiten NS-Gedenkstätten in der Regel keine Phänomene des aktuellen Antisemitismus (Hartmann 2020, S. 242).

## 4.2. Vorurteile und vorurteilsmotivierte Kriminalität

Bezugspunkte einer Bildung zu Antisemitismus in polizeilichen Kontexten ergeben sich auch in Form der vorhandenen Auseinandersetzungen mit anderen Phänomenen des Syndroms „Gruppenbezogene Menschenfeindlichkeit"

(Zick et al. 2019).[10] Dieses umfasst neben Antisemitismus u. a. die Einstellungsdimensionen Sexismus, Rassismus sowie die Abwertung von Homosexuellen und Trans\*-Personen (ebd., S. 58). All diese Formen von Abwertung von Menschengruppen sind für die Polizei auch deshalb relevant, da sie zu sog. Hasskriminalität (Geschke 2017; Quent 2017) bzw. – präziser formuliert – vorurteilsmotivierter Kriminalität (Coester 2018) führen können. Vorurteilsmotivierte Kriminalität beinhaltet stets ein ernstzunehmendes Potential, die demokratische Gesellschaft zu beschädigen. Als Botschaftstat richten sich entsprechende Straftaten nicht nur gegen die konkret betroffenen Individuen, sondern gegen die Bevölkerungsgruppen, die diese (vermeintlich) repräsentieren. Entsprechende Taten stellen somit auch eine mindestens indirekte Positionierung gegenüber dem demokratischen Prinzip der Gleichwertigkeit aller Menschen dar. In der Folge kann, insbesondere wenn keine professionelle und unmittelbare Anerkennung und Sanktionierung der Tat erfolgt, ein erheblicher Einschüchterungseffekt bei Teilen der Gesellschaft entstehen. Wiederholt sich diese Wahrnehmung, kann das Sicherheits- und Zugehörigkeitsgefühl von Individuen und Gruppen nachhaltig beeinträchtigt werden. Sehen sich Betroffene zu Schutz- und Vermeidungsstrategien in Bezug auf Risikofaktoren (z. B. Vermeidung des Aufenthalts an bestimmten Orten, Verbergen der eigenen Identität) gezwungen, wird auch die gesellschaftliche Teilhabe empfindlich eingeschränkt (vgl. Zick et al. 2017; Reimer-Gordinskaya/Tzschiesche 2020). In Bezug auf aktuellen Antisemitismus berichten Jüdinnen und Juden mitunter davon, bei einer weiteren Verschärfung des Problems in Erwägung zu ziehen, aus der Bundesrepublik auszuwandern. Die Auseinandersetzung mit Vorurteilen und vorurteilsmotivierter Kriminalität ist also grundsätzlich relevant für die Polizei.

In Bezug auf den spezifischen Gegenstand Antisemitismus können jedoch Probleme auftreten, wenn er *ausschließlich* als ein Teilbereich größerer Problematiken wie Diskriminierung, Vorurteilskriminalität etc. angesehen wird: Im Rahmen der Thematisierung allgemeiner Charakteristika von Vorurteilen drohen die *spezifischen* Merkmale des Antisemitismus (Rensmann/Schoeps 2008, S. 13) regelmäßig ausgeblendet zu werden: Gerade die den Juden durch Antisemit\*innen zugeschriebene unheimliche Macht ist es, die als eine angeb-

---

[10] Zur Kritik an diesem einflussreichen sozialwissenschaftlichen Deutungsansatz vgl. Goldenbogen/Kleinmann 2021, S. 25ff.

liche besondere Gefahr dargestellt wird. Durch paranoiden Wahn getriebene Verschwörungsmythen tendieren daher in der Regel dazu, letztlich Juden als Quelle aller Probleme moderner Gesellschaften (vgl. Salzborn 2010) zu identifizieren und in einem Akt halluzinierter Selbstverteidigung in letzter Konsequenz auslöschen zu wollen. U. a. im israelbezogenen Antisemitismus wird deutlich, dass dieser, eher noch als andere Vorurteilsformen, geeignet zum Ausleben einer konformistischen Rebellion (vgl. Stahl et al. 2020) ist, bei der zwar ein Bedürfnis nach Widerständigkeit und Auflehnung ausgelebt wird, die eigentlichen gesellschaftlichen Machtverhältnisse aber affirmiert werden. Solche spezifischen Aspekte des Antisemitismus werden jedoch in der Gesellschaft noch zu wenig wahrgenommen (Killguss et al. 2020b, S. 10). Auch der Unabhängige Expertenkreis Antisemitismus beschrieb es in seinem Bericht von 2011 als „schwer zu beurteilen, ob und inwiefern die unterschiedlichen Behörden Antisemitismus als spezifische Erscheinungsform menschenfeindlicher Einstellungen behandeln" (Bundesministerium des Innern 2011, S. 149).

Die strukturelle Ähnlichkeit verschiedener Vorurteilsphänomene verleitet bisweilen auch zu der Annahme, sie seien für ihre Träger*innen vollständig austauschbar. Obwohl Phänomene wie Sexismus, Antisemitismus und Rassismus häufig miteinander verschränkt sind, sind für alle Einzelphänomene jedoch jeweils hoch wirksame und langjährige Traditionslinien identifizierbar (vgl. Messerschmidt 2013; Berendsen et al. 2017; Speit 2020; Goldenbogen/Kleinmann 2021).

Die Parallelisierung von Vorurteilsphänomenen kann auch zu einem irreführenden quantitativen Vergleich und einer Aufrechnung gegeneinander führen. Angesichts der enormen Dunkelziffer und des extremen Gewaltcharakters auch einzelner antisemitischer Vorfälle einerseits sowie der jeweils unterschiedlichen wissenschaftlichen Ermittlung entsprechender Einstellungspotentiale und der daraus resultierenden eingeschränkten Vergleichbarkeit andererseits wäre dies jedoch nicht zulässig.

## 4.3. Weitere Themenfelder

Weitere Bezüge des Gegenstands Antisemitismus in der Polizeiausbildung gibt es zur Menschenrechtsbildung (vgl. Kugelmann 2019). Inhaltlich sind ebenfalls die Felder des polizeilichen Selbstverständnisses im Rechtsstaat sowie der sensible Umgang mit Opfern von Straftaten (Lüter 2019) relevant. Die Auseinandersetzung mit Grund- und Menschenrechten ist in der akademischen Polizeiausbildung an der HWR Berlin in Form eines gleichlautenden Moduls, das zwei Lehrveranstaltungen umfasst, verankert (Der Präsident der Hochschule für Wirtschaft und Recht Berlin 2017, S. 44–46). Auch diese Aspekte sind für einen kompetenten Umgang der Polizei mit Antisemitismusphänomenen zweifellos relevant, können eine inhaltliche und rechtswissenschaftliche Auseinandersetzung mit diesen selbst jedoch nicht ersetzen.

### 4.4. Exkurs: Vom „interkulturellen Lernen" zur Rassismuskritik

Die Begriffe „interkulturelles Lernen" bzw. „interkulturelle Kompetenz" sowie das Ziel der Förderung „interkultureller Diversität" sind regelmäßig (nicht nur) in Beschreibungen von polizeilichen Bildungsinstitutionen und -maßnahmen anzutreffen (vgl. Behr 2016; Franze 2017). Dies ist auch der Fall im „Leitbild" der HWR Berlin[11] sowie in der Studienordnung des Bachelorstudiengangs Gehobener Polizeivollzugsdienst an der HWR. Fachliche Kritik wurde aus den Wissenschaften an auf „Interkulturalität" fokussierenden Konzepten regelmäßig dahingehend hervorgebracht, dass hier die Existenz von als getrennt zu denkenden „Kulturen" faktisch vorausgesetzt und in der Regel nicht problematisiert würde. Bereits diese Perspektivierung gelte es aber zu dekonstruieren. Z.T. fand daher in der Didaktik eine Umorientierung von einer interkulturellen hin zu einer „rassismuskritischen" Bildung (vgl. Scharathow/Leiprecht 2013; Hafeneger/Widmaier 2019, 10f.) sowie seit einigen Jahren an letztere angelehnt auch einer „antisemitismuskritischen" Bildung statt (vgl. Stender 2011, 2017; Messerschmidt 2014; Rajal 2020).

Ein sinnvolles Ziel stellt aus dieser antisemitismuskritischen Perspektive dezidiert *nicht* die Fähigkeit dar, Unterschiede von als „natürlich" und mehr oder weniger statisch und homogen vorgestellten „Kulturen" zu kennen, zu tolerieren und zu moderieren (vgl. Atali-Timmer 2021) – und etwa die bereits problematische Annahme einer Unterschiedlichkeit von „Deutschen" und „Juden" zu reproduzieren (vgl. Broden 2013). Die Entwicklung zur Rassismus- und Antisemitismuskritik reflektiert vielmehr die Erkenntnis, dass Antisemitismus und Rassismus im Wesentlichen keine Folgen empirisch zu beobachtender

---

[11] Vgl. https://www.hwr-berlin.de/hwr-berlin/ueber-uns/leitbild-der-hwr-berlin/#c3165.

Gruppenunterschiede oder -konflikte sind. Vielmehr basieren sie auf Bildern von Gruppen („Juden", „Fremde", „Ausländer" usw.), die gesellschaftlich tradiert werden und für die Träger*innen psychosoziale Funktionen (Abgrenzung, Identitätsbildung, Macht) erfüllen. V. a. diese gelte es pädagogisch zu thematisieren.

Der spezifisch moderne, sich im 19. Jahrhundert entwickelnde Antisemitismus (vgl. Weyand 2016) beruht auf projektiven Bildern von „Juden", die sich von der empirisch beobachtbaren Realität gelöst haben. Moderne Judenfeindschaft ist daher nicht korrespondenztheoretisch aus realen Konflikten zu erklären, die Jüdinnen und Juden als Gruppe mit weiteren Gruppen (z. B. Christ*innen) hatten oder haben. Antisemitische Positionierung sind vielmehr als Äußerungen von Ressentiments zu verstehen, deren Wahrheitsgehalt für ihre Träger*innen keine bedeutende Rolle zukommt (vgl. Ranc 2016). Diese zentrale Erkenntnis der Antisemitismusforschung führt regelmäßig in mindestens zwei Kontexten zu Verwirrung:

1. Als Gegenbeispiel wird häufig das Phänomen eines vermeintlich (!) durch Juden dominierten und ausschließlich von ihnen kontrollierten Geldhandels im europäischen Mittelalter zu nennen, das zur Erklärung der Entstehung des Stereotyps jüdischer Geldaffinität herangezogen wird (vgl. Geiger 2010). Die Bedeutung, die diesem Stereotyp allerdings zukommt, erklärt sich erst durch die sozialen Verwerfungen zu Beginn der kapitalistischen Moderne und den mit ihnen zusammenhängenden psychischen Erklärungsbedürfnissen unverstandener Leidens- und Desorientierungserfahrungen (vgl. Salzborn 2010).

2. In Bezug auf den Nahostkonflikt existieren wirkmächtige korrespondenztheoretische Deutungen auch gegenwärtiger Phänomenen. Jene leiten Antisemitismus aus dem (wie es heißt: verbrecherischen und amoralischen) Verhalten des Staates Israels kausal ab (vgl. etwa Judt 2019, S. 69). Auch in diesem Zusammenhang gilt jedoch, dass die Politik einer israelischen Regierung negative Emotionen verursachen kann, die zu Kritik, Distanzierung bis hin zu Widerstand führen können. Eine allgemein judenfeindliche Positionierung bei am Konflikt unbeteiligten hat ihren Ursprung jedoch nicht in Entwicklungen in Israel (Rhein/Uhlig 2018, S. 20; Bernstein 2021).

Unabhängig von diesen Überlegungen kann es ein sinnvolles Ziel darstellen, angehenden Polizist*innen Grundkenntnisse über das jüdische Leben in Deutschland, religiöse Praktiken, Feiertage, Organisationen, Identitätsentwürfe, soziodemografische Merkmale der Bevölkerungsgruppe und auch jüdische Geschichte seit 1945 etc. zu vermitteln. Diese Themen erhalten ihre Relevanz jedoch nicht (nur) durch den Kontext Antisemitismus, sondern stellen bereits für sich sinnvolle Lerngelegenheiten dar (Rajal 2020). Die Herausforderung tritt beim israelbezogenen Antisemitismus besonders deutlich hervor: Ohne ein minimales Grundwissen darüber, was das Judentum oder der Staat Israel eigentlich ist, ist kaum sinnvoll über eine Feindschaft gegenüber diesen und deren irrationalen Charakter zu sprechen (Schubert 2020). Antisemitismus, der sich als „Kritik" am Staat Israel ausgibt aufgrund von dessen Rolle im Nahostkonflikt, kann ohne Klärungen über eben diesen Konflikt kaum verstanden werden. Der Schwerpunkt entsprechender Bildungsveranstaltungen sollte jedoch nicht auf den – psychoanalytisch formuliert – Objekten des Antisemitismus oder gar dem Versuch einer umfassenden Widerlegung antisemitischer Bilder liegen. Zwar sind antisemitische Akteur*innen des Nahostkonflikts, wie z. B. die palästinensischen Organisationen HAMAS („Islamische Widerstandsbewegung") und PFLP („Volksfront zur Befreiung Palästinas"), die libanesische Hisbollah („Partei Gottes") und das iranische Regime auch international und in Berlin aktiv (vgl. Senatsverwaltung für Inneres und Sport 2020), dennoch sollte die Bildungsarbeit sich nicht im hyperkomplexen Nahostkonflikt selbst verlieren, sondern vielmehr den „Konflikt über den Konflikt" behandeln (Eckmann/Kößler 2020; Schubert 2022). Eine besondere Gefährlichkeit stellen islamistische, palästinensische und propalästinensische radikale Gruppen nämlich insbesondere dar, wenn sie im Rahmen politischer Aktivitäten, z. B. Versammlungen, den Anschluss an andere, wirkmächtigere politische Milieus suchen. Die Bildungsarbeit kann daher die hier zugrunde liegenden „Brückennarrative" thematisieren (Meiering et al. 2018; Meiering/Foroutan 2020; Rickenbacher 2020).

Die zuvor genannten Ausbildungsthemen und -dimensionen zielen auf die Entwicklung von Kompetenzen ab, die für eine sinnvolle Bearbeitung antisemitischer Phänomene zwar hilfreich, aber noch nicht hinreichend sind. Insofern besteht ein Bedarf an einer eigenständigen Auseinandersetzung mit Antisemitismus als spezifischem Lerngegenstand. Im Folgenden sollen Hinweise gegeben werden, wie diese konzipiert und gestaltet werden kann.

## 5. Überlegungen zu einer pädagogischen Auseinandersetzung mit Antisemitismus im Rahmen der Polizeiausbildung

Die Prinzipien der politischen Bildung (vgl. Sander 2013, 190ff.; Widmaier/ Zorn 2016; Autorengruppe Fachdidaktik 2016) gelten auch für eine Auseinandersetzung mit Antisemitismus im Rahmen sozialwissenschaftlicher Hochschullehre. Im Sinne der Adressatenorientierung ist die Berücksichtigung und Erhebung von Vorwissen, Voreinstellungen, Erfahrungen und Interessen der Teilnehmer*innen der Lehrveranstaltungen essentiell (Möllers 2017, 332f.). Sinnvoll ist eine pädagogische Annäherung, die weniger die kognitive Vermittlung eines klar umrissenen „Stoffs" durch Instruktion ins Zentrum rückt. Vielmehr gilt es, Antisemitismus als für die deutsche Gesellschaft, die Institution Polizei, aber auch individuell relevanten und z. T. ambivalenten und umstrittenen Gegenstand problemorientiert aufzubereiten (vgl. Müller 2021).

Die Bilder, die die meisten Studierenden von Jüdinnen und Juden haben, dürften in der Regel maßgeblich durch die entsprechende Thematisierung während ihrer meist noch nicht lange zurückliegenden Schulzeit geprägt sein. Bildungsinstitutionen wie die Schule sind „entscheidende Orte, an denen ein implizites Wissen und spezifische Bilder von Juden und Jüdinnen in narrativen Praktiken weitergegeben und tradiert werden" (Chernivsky/Lorenz 2020, S. 160). Insofern sind neue Studien über eben diesen schulischen Umgang mit dem Thema Antisemitismus auch für die Lehre an Hochschulen relevant. Dieser zeichnet sich durch Historisierung, Distanzierung und Perspektivendivergenz in Bezug auf Antisemitismus aus (ebd., S. 155). Auch spielen familiäre „Gefühlserbschaften" in Bezug die eigenen Bilder von Jüdinnen und Juden eine wichtige Rolle (vgl. Lohl 2008). Bisher „hat Reflexivität in der Ausbildung wie auch in der Praxis der Polizei keinen substantiellen Stellenwert" (Behr 2017, S. 12). Die offizielle, behördliche Polizeikultur, auf deren Grundlage auch Ausbildungsziele und -inhalte der Polizist*innen formuliert werden, „geht von der Fiktion der vorurteilsfreien und diskriminierungsfreien Praxis, mithin von einer ‚sauberen' Polizeiarbeit aus. Sie negiert eine ‚Kontamination' des Personals durch, ebenso wie die Möglichkeit einer Symbiose zwischen Polizistinnen und Polizisten mit ihrem Gegenstand" (ebd., S. 17). Demgegenüber gilt es, in der Ausbildung geschützte Räume zu schaffen, auch um einen offenen Umgang mit eigener Unsicherheit und Fehlbarkeit als polizeiliche Kompetenz zu vermitteln.

## 5.1. Betroffenenperspektive

Das Kennenlernen sowohl der jüdischen Perspektiven auf Antisemitismus in Deutschland, als auch die Notwendigkeit und Möglichkeit eines sensiblen Umgangs mit Betroffenen antisemitischer Straftaten ist zu verdeutlichen. Wichtig ist die Sensibilisierung von Polizist*innen für die Betroffenenperspektive u. a. dahingehend, dass nachvollziehbarer wird, warum Betroffene auf Strafanzeigen antisemitischer Vorfälle verzichten. Neben dem Gefühl, nicht ernst genommen oder schlecht behandelt zu werden und der Vermeidung von sekundärer Viktimisierung betrifft dies das häufig anzutreffende Gefühl der Sinn- und Konsequenzlosigkeit von Anzeigen (vgl. Quent et al. 2016).[12] Um eine generelle Infragestellung der Institution Polizei geht es demgegenüber Betroffenen in aller Regel nicht. Angehende Polizist*innen müssen verstehen, dass „Antisemitismus" als Abstraktum zunächst nicht ohne weiteres in ihre Aufgabenbereiche fällt. Dies ist tatsächlich im Kern der Fall, insofern er mit konkretem Verhalten, nämlich dezidiert als solchen definierten Straftaten verbunden ist.[13] Nur ein Teil des beobachtbaren Verhaltens, dass Menschengruppen abwertet, stellt auch vorurteilsmotivierte Kriminalität dar (vgl. Wörner-Schappert 2020; Lehmann 2020). Für das Vertrauen in die Sicherheitsbehörden ist jedoch der Eindruck entscheidend, dass das Vorliegen einer Strafbarkeit sorgfältig geprüft und die Wahrnehmung der Betroffenen ernst genommen wird. Die Überlegungen zur Betroffenenperspektive sind weitgehend auf andere Formen von vorurteilmotivierten Vorfällen und marginalisierten Gruppen übertragbar. Hier sollte ein pädagogischer Transfer angestrebt werden.

Um paternalistischen Wahrnehmungen und dem Stereotyp eines jüdischen Opferstatus vorzubeugen, sollten Betroffene jedoch als Akteur*innen betrachtet werden, die vielfältige Umgangsweisen mit Antisemitismus finden. Auch kann die Wahrnehmung hinterfragt werden, Jüdinnen und Juden würden der Polizei stets nur als externe Gruppe gegenübertreten: Auch innerhalb der Polizei gibt es jüdische Beamt*innen, in Baden-Württemberg seit 2021 sogar zwei Polizeirabbiner.[14]

---

[12]  Es wird mitunter auch Gewalt bzw. verletzendes Verhalten von Polizist*innen gegenüber Jüdinnen und Juden kritisiert. Vgl. z. B. „Israelischer Professor attackiert", in: taz, 12.07.2018, online unter https://taz.de/Antisemitischer-Uebergriff-in-Bonn/!5521910/ (Stand 04.04.2022).

[13]  Vgl. die Aufzählung der betroffenen Deliktarten in Kohlstruck/Ullrich 2015, S. 24.

[14]  https://www.baden-wuerttemberg.de/de/service/presse/pressemitteilung/pid/polizei-baden-wuerttemberg-bekommt-polizei-rabbiner-1/.

## 5.2. Spektrenübergreifende Verbreitung des Antisemitismus

Ein zentrales Ziel antisemitismuskritischer Bildung sollte in der Sensibilisierung für die gesamtgesellschaftliche Verbreitung des Antisemitismus bestehen. Traditionellerweise und mit einer gewissen Berechtigung wird Antisemitismus insbesondere stark mit der extremen Rechten in Verbindung gebracht. In letzter Zeit wird ebenfalls ein „muslimischer", „islamischer" oder „islamisierter" Antisemitismus stark fokussiert – die Bezeichnungen sind hier uneinheitlich.[15] Daneben gilt es jedoch aufzuzeigen, dass tatsächlich kein politisches Spektrum frei von Antisemitismus ist. Dies sollte zum Anlass genommen werden, die Dominanz bzw. vermeintliche Alternativlosigkeit des Extremismus-Paradigmas in sicherheitsbehördlichen Diskursen zu hinterfragen: Dies betrifft den Umstand, dass antisemitisch motivierte Straftaten für die Polizei als „Politisch Motivierte Kriminalität" gelten und Kategorien zugeordnet werden (rechts/ links/ausländische Ideologie/religiöse Ideologie), die sich an der Unterscheidung von Extremismusphänomenen der Verfassungsschutzbehörden und der Innenministerien orientieren (Ben Slama/Kemmesies 2020). Verdeutlicht werden sollte in der Polizeiausbildung, dass das Modell der PMK traditionellerweise anti-staatliche, antisystemische und/oder antidemokratische Straftaten umfasst und Vorurteilskriminalität flächendeckend und umfassend erst seit 2001 und damit seit verhältnismäßig kurzer Zeit mit berücksichtigt.[16] Zwar greifen alle antisemitischen Straftäter\*innen faktisch auch zentrale Werte der freiheitlichen Demokratie an, jedoch trägt die beschriebene Einteilung zum Missverständnis bei, Antisemitismus (und andere Vorurteilsphänomene) ginge ausschließlich von Anhänger\*innen extremistischer und antidemokra-

---

[15]  Die Begriffe fokussieren unterschiedliche Aspekte, z. T. aber auch verschiedene Phänomene: Während beim „muslimischen" Antisemitismus die Trägergruppe der „Muslim\*innen" im Zentrum steht, thematisiert die Bezeichnung „islamischer" Antisemitismus das ideologische Phänomen, dass Judenfeindschaft unter Rückgriff auf Elemente islamischer Religion, z. B. heiliger Texte, begründet wird. Das Sprechen von einem „islamisierten" Antisemitismus betont häufig den grundlegenden Ursprung des modernen Antisemitismus in Europa, der später mit islamischen Elemente versehen („islamisiert") wurde. „Islamistischer" Antisemitismus bezeichnet Judenfeindschaft im Kontext politisch-islamischer und demokratiefeindlicher („extremistischer"), z. T. Gewalt befürwortender Ideologie und entsprechenden Organisationen bzw. Individuen.

[16]  Vgl. zur Geschichte und Entwicklung des PMK-Konzepts Feldmann et al. 2018, S. 22–38.

tischer Ideologien und/oder Organisationen aus.[17] Daraus folgt, die „Mitte"
der Gesellschaft dezidiert in eine Darstellung des Antisemitismus einzubezie-
hen (vgl. Schwarz-Friesel et al. 2010; Ionescu/Salzborn 2014; Schwarz-Friesel
2015; Salzborn 2019; Schubert 2019). Einzelne Konstellationen verweisen darauf, dass der Antisemitismus verschiedener Spektren sich situativ, ggf. auch
ohne dass dies gezielt angestrebt wurde, verbinden oder gegenseitig verstärken
kann. Hierbei spielt mitunter das (Nicht-)Verhalten der „Mitte" eine signifi-
kante Rolle (vgl. Brühl 2012).

Vorurteile, vorurteilsmotivierte Kriminalität und Phänomene des Autoritarismus sind stets so konkret wie möglich begrifflich zu beschreiben. Die im
Vergleich zu anderen Phänomenbereichen deutlich geringeren Zahlen links-
motivierter Taten im Zusammenhang mit Antisemitismus zeigt, dass dieser
zwar innerhalb eines Teils des linksradikalen Spektrums existiert, jedoch für
diese nicht konstitutiv ist (Uhlig 2020). Gleichwohl ist auch diese Ausdrucks-
form des Antisemitismus in Berlin relevant und sollte in die Bildungsarbeit
einfließen.

### 5.3. Unterschiede polizeilicher und zivilgesellschaftlicher Arbeitsweisen und Perspektiven

Angehende Polizist*innen sollten die Ziele und Arbeitsweise von zivilgesell-
schaftlichen Melde- und Beratungsstellen für antisemitische Vorfällen kennenlernen. In Berlin, Niedersachsen, Hessen, Sachsen-Anhalt, Brandenburg,
Schleswig-Holstein, Thüringen, Bayern sowie NRW und Saarland existieren
derzeit entsprechende, jeweils landesweit arbeitende Projekte.[18] Als Vorbild der
Meldestellen dient das britische Modell des Community Security Trusts (CST),

---

[17]  Zur Kritik des Extremismusparadigmas vgl. Kopke/Rensmann 2000; Forum für Kritische
    Rechtsextremismusforschung 2011; Salzborn 2018; ders./Quent 2019.

[18]  Weitere Stellen (Sachsen) befinden sich im Aufbau. In fast allen Bundesländern existieren
    darüber hinaus zivilgesellschaftliche Meldestellen für Betroffene rechter und rassistischer
    Gewalt, die auch antisemitische Vorfälle dokumentieren. Vgl. die Liste der Mitglieder des
    „Verbands der Beratungsstellen für Betroffene rechter, rassistischer und antisemitischer Ge-
    walt", https://verband-brg.de/ueber-uns/#mitglieder. Außerdem existieren lokale Meldestelle
    wie die „Servicestelle für Antidiskriminierungsarbeit Beratung bei Rassismus und Antisemi-
    tismus" (SABRA) in Düsseldorf sowie die „Dokumentations- und Beratungsstelle für antise-
    mitische Vorfälle" in Hannover.

einer jüdischen Monitoringorganisation, die auch eng mit der Polizei zusammenarbeitet und Fortbildungen für diese anbietet.[19]

Dass sich „Veranstalter/innen an den Polizeiakademien, den Fachhochschulen (für öffentliche Verwaltung) oder an der Deutschen Hochschule der Polizei (DHPol) hier zunehmend außerpolizeilichen, mithin auch dezidiert ‚polizeikritischen' Perspektiven öffnen", ist zu begrüßen (Sturm 2019, S. 117). Auch eine Auseinandersetzung mit dem Thema Antisemitismus profitiert klar von der „zumindest in polizeilichen Teilbereichen sich entwickelnden Perspektiverweiterungen, Sensibilisierungen und Öffnungen für zivilgesellschaftliche Wahrnehmungen und Erfahrungen", diese sollten daher vertieft werden (ebd., S. 121). Vor diesem Hintergrund können auch die spezifischen Charakteristika, Vorteile und Grenzen der polizeilichen Perspektive auf antisemitische Vorfälle deutlich werden. Die (oft strukturellen) Probleme der polizeilichen Erfassung antisemitischer Taten betreffen insbesondere das Hellfeld-/Dunkelfeld-Phänomen, die Beschränkung auf Zähldelikte, Probleme bei der Motivklärung sowie die statistische Kategorisierung (Kohlstruck/Ullrich 2015, S. 32–34). Der Unabhängige Expertenkreis Antisemitismus geht von einer „systematischen Unterschätzung antisemitischer Vorfälle" durch die Polizei aus (Bundesministerium des Innern 2017, S. 31). In Bezug auf das für die Motivklärung nötige polizeiliche Problembewusstsein wird festgestellt: „Hier hat sich in den letzten Jahren durchaus eine Weiterentwicklung gezeigt. Dennoch ist eine fortdauernde Verbesserung der Erhebungsmethoden und eine Anpassung der Erfassungskriterien an neue Problemlagen nötig" (Bundesministerium des Innern 2017, S. 32). Da Antisemitismus in der Regel nur andeutungsweise ausgedrückt wird, ergeben sich Herausforderungen der rechtlichen Bewertung (Lagodinsky 2013; Liebscher et al. 2020; Liebscher 2020).[20] Insbesondere bei der Identifizierung antisemitischer Straftaten mit Bezug zum Israel-Palästina-Konflikt hinge es „letztlich von den Erfahrungen, der Sensibilität und dem thematischen Kenntnisstand der ermittelnden Beamten ab, ob eine antisemitische Straftat als solche erkannt und korrekt klassifiziert wird" (Bundesministerium des Innern 2017, S. 32). Überdenkenswert erscheint die polizeiliche Praxis, antisemitische Straftaten grundsätzlich

---

[19]   https://cst.org.uk/about-cst/police-partnership.

[20]   Auch in (General-)Staatsanwaltschaften in Berlin und Bayern wurden daher bereits Antisemitismusbeauftragte eingerichtet, vgl. Vanoni 2020.

und auch ohne konkrete entsprechende Anhaltspunkte der Kategorie „PMK-Rechts" zuzuordnen, wenn dem keine anderslautenden Hinweise entgegenstehen. Hieraus „entsteht möglicherweise ein nach rechts verzerrtes Bild über die Tatmotivation und den Täterkreis" (ebd.).[21] Diese Praxis wurde ab dem Erfassungsjahr 2021 beendet.

### 5.4. Zur „Arbeitsdefinition des Antisemitismus"

Mit der Arbeitsdefinition Antisemitismus legte die Internationale Allianz für Holocaust-Gedenken (International Holocaust Remembrance Alliance, IHRA) 2016 eine „praxisorientierte" Kurzdefinition[22] vor, die „in erster Linie für die Erfassung judenfeindlicher Vorfälle und Straftaten (…) eine Hilfestellung" bietet (Bundesministerium des Innern 2017, S. 24). Unterstützt werden sollte damit insbesondere die Arbeit von Polizei- und Justizbehörden. Die Arbeitsdefinition wurde u. a. durch diverse Mitgliedstaaten der EU, darunter auch die Bundesrepublik, angenommen (vgl. Bundesverband RIAS 2021). Der IHRA-Arbeitsdefinition ging ein fast 15 Jahre dauernder politischer Prozess voraus, in welchem erstmals eine supranationale Begriffsbestimmung von Antisemitismus auf der Höhe der Zeit angestrebt wurde (vgl. Porat 2018).

Gegenüber unterkomplexen Alltagskonzepten von Antisemitismus, etwa als Feindschaft lediglich jeweils gegenüber der jüdischen Religion oder einer behaupteten jüdischen „Rasse" hat die Arbeitsdefinition den Vorteil, auch auf weitere Dimensionen des Antisemitismus zu verweisen. Dies betrifft insbesondere Ausdrucksformen des israelbezogenen Antisemitismus, welche besonders weit verbreitet und für viele Menschen am schwierigsten einzuordnen sind. Laut dem Berliner Landeskonzept zur Weiterentwicklung der Antisemitismus-Prävention (Senatsverwaltung für Justiz, Verbraucherschutz und Antidiskriminierung 2019, S. 4) bildet die genannte Arbeitsdefinition die

---

[21] Dies führt in der Öffentlichkeit bisweilen zu dem Eindruck, die Kategorisierung sei willkürlich und das tatsächliche Aufkommen rechtsmotivierter antisemitischer Straftaten sei unbekannt. Tatsächlich verweist auch das systematische zivilgesellschaftliche Monitoring von RIAS darauf, dass politische rechte Tathintergründe den größten Anteil an den zuordenbaren Fallzahlen ausmachen; vgl. Laube 2021, 21f., insb. 22 (Fußnote 13) sowie v. a. Botsch 2021.

[22] Vgl. https://www.holocaustremembrance.com/de/resources/working-definitions-charters/arbeitsdefinition-von-antisemitismus.

„Grundlage" des Verwaltungshandelns.[23] Auch für die Arbeit der Polizei Berlin ist sie maßgeblich.

Für die Auseinandersetzung mit Antisemitismus im Kontext der Ausbildung insbesondere zum gehobenen und höheren Dienstes ergeben sich daraus Konsequenzen: Die Arbeitsdefinition sollte in der Hochschullehre aufgegriffen und ihr Anspruch sowie ihre Vorteile und Möglichkeiten verdeutlicht werden. Gleichzeitig sollten verantwortliche Bildner*innen die Kritik an der Arbeitsdefinition (vgl. Pfahl-Traughber 2017), v. a. hinsichtlich ihrer Vagheit und Leerstellen sowie des Potentials einer Fehlverwendung reflektieren.[24] Dem sollte Rechnung getragen werden, indem klargestellt wird, dass die Arbeitsdefinition weder eine wissenschaftliche noch eine juristische Definition darstellt. Sie ist rechtlich nicht bindend. Die der Arbeitsdefinition beigefügten Beispiele erfüllen auch nicht unmittelbar Straftatbestände, sondern sollen „unter Berücksichtigung des Gesamtkontexts" aufzeigen, welche Formen Antisemitismus annehmen *kann*. Die Arbeitsdefinition soll Bewertungsprozesse der Polizei hinsichtlich möglicherweise beobachteter antisemitischer Phänomene unterstützen (vgl. Bundesverband RIAS 2021; Kinzel/Poensgen 2021, Arnold 2022). Sie kann u.U. nötige vertiefte Analysen und Abwägungen sowie v. a. juristische Bewertungen aber nicht ersetzen. Aus den genannten Gründen sollten Studierende nicht einfach auf die Arbeitsdefinition hingewiesen werden, es gilt ihre Nutzung einzuüben anhand empirischen Materials.

## 5.5. Vielgestaltigkeit des Antisemitismus

Verschiedene Formen des Antisemitismus werden jeweils in unterschiedlichen Milieus anders begründet vertreten (s.o.). Im Kern ist Antisemitismus jedoch stets eine negative Positionierung zu als jüdisch markierten Personen oder Gruppen. Diese basiert auf einer zugeschriebenen unheimlichen Macht, aus der eine Bedrohung erwächst. Gesteigert wird diese imaginierte Gefahr durch die Illusion einer weltweiten Verbundenheit von Jüdinnen und

---

[23] Die Arbeitsdefinition wird auch in der Hochschulausbildung des Bundeskriminalamts eingesetzt, vgl. Deutscher Bundestag DS 19/19403, S. 3.

[24] Besonders ausführlich, jedoch mit fragwürdigen Annahmen etwa über einen Missbrauch der Arbeitsdefinition zur Einschränkung der Meinungsfreiheit versehen, wird diese Kritik entfaltet bei Ullrich 2019. Vgl. zur Kritik hieran Wetzel 2019, Arnold 2022, Ionescu 2022.

Juden. Die verschiedenen Formen von Antisemitismus sind grundsätzlich eng mit Verschwörungstheorien verbunden. Diese können als eine inhaltlich Klammer für die Gestaltung von Bildungsmaßnahmen genutzt werden: Antijüdische Verschwörungstheorien kamen bereits im Mittelalter auf, bildeten (u. a. prominent in Form der „Protokolle der Weisen von Zion") eine zentrale Facette des sich als Weltanschauung entwickelnden modernen Antisemitismus im 19. Und frühen 20. Jahrhunderts, waren Triebfeder der NS-Ideologie und sind auch in modernisierten Formen des latenten Antisemitismus nach 1945 identifizierbar, etwa im Islamismus, im Schuldabwehrantisemitismus und z. T. in der radikalen Linken, aber auch bei als „Querfront" bezeichneten Phänomenen wie den „Montagsmahnwachen für den Frieden" in 2014 (vgl. Lämmel 2019) oder den Protesten gegen die staatlichen Maßnahmen zur Beschränkung der Corona-Pandemie (vgl. Lelle 2021).

*5.6. Sensibilisierung für antisemitische Phänomene im Zusammenhang mit dem Islam sowie das rassistische Stigmatisierungspotential ihrer polizeilichen Bearbeitung*

Neben dem israelbezogenen Antisemitismus – und häufig mit diesem verbunden – berührt die Thematisierung von Antisemitismus im Zusammenhang mit Muslim*innen, dem Islam und/oder dem Islamismus gesellschaftlich besonders kontroverse und daher sehr herausfordernde Aspekte. Der Umstand, dass der islamistische Extremismus den Sicherheitsbehörden zeitweise als primäre Bedrohung der Bundesrepublik galt, stellt jedoch nicht sicher, dass das antisemitische Potential des Islamismus jederzeit identifiziert werden kann (vgl. Saggerer 2019; Wyss 2020). Student*innen verfügen nicht selten lediglich über wenige Grundkenntnisse des Islams. Zentral für das hier behandelte Thema erscheinen insbesondere folgende Aspekte (vgl. Hößl 2020a):
- Es gibt Antisemitismus unter Muslim*innen in einem besorgniserregenden Ausmaß, wie empirische wissenschaftliche Arbeiten zeigen konnten (vgl. Jikeli 2019; Öztürk/Pickel 2021);
- Muslim*innen können antisemitisch denken und/oder handeln, unabhängig davon, ob sie islamistischer Ideologie oder entsprechenden Organisationen oder Milieus angehören. Sie begründen ihre antisemitischen Positionierungen auch z. T. unter Rückgriff auf den Islam (Jikeli 2012; Hößl 2020b) – dies muss jedoch keineswegs zwingend der Fall sein. Insbesondere durch

die Vermischung der Kategorien „Religionszugehörigkeit" und „(Flucht-) Migration" ergeben sich Verzerrungen in der Bewertung;

– In den islamistischen Weltdeutungen spielt Antisemitismus, trotz einer z. T. ausgesprochenen Pseudo-Toleranz gegenüber der jüdischen Religion, eine zentrale Rolle. Dies kann bis hin zu dezidierten Vernichtungsbestrebungen gegenüber Juden und dem Staat Israel reichen;

– Sowohl dezidierte Diffamierung und pauschale Abwertungen der Gruppe der Muslim*innen (z. B. durch die Zuschreibung, antisemitisch zu sein), als auch eine rationale, sachbezogene Kritik an einem Antisemitismus von Muslim*innen können sich in einen Gesamtdiskurs einschreiben, der den Islam tendenziell oder ausschließlich negativ oder problematisierend wahrnimmt (vgl. Biskamp 2019). Die Folge kann (auch ungewollt) eine rassistische Abwertung von Muslim*innen sein;

– Hiermit verbunden ist das Risiko einer Externalisierung bzw. Exterritorialisierung des Antisemitismus. Durch den Umstand, dass der Islam durch große Teile der Gesellschaft als nicht zu Deutschland gehörig, sondern als ein „ausländisches" und zu „Migrant*innen" gehöriges Phänomen betrachtet wird, erscheint auch der Antisemitismus von Muslim*innen als nicht in der deutschen Gesellschaft entstandener und durch diese beeinflusster und verursachter. Die Problematisierung dieses Antisemitismus und dessen Überfokussierung bietet somit die psychisch attraktive Möglichkeit, weitere Formen des Antisemitismus in Deutschland zu dethematisieren (vgl. Lohl 2017; Stender 2020).

## 5.7. Methodische Überlegungen

Die beim Thema Antisemitismus unumgänglichen, kognitiv und mitunter auch emotional sehr fordernden theoretischen und historischen Vertiefungen sollten vielfältig aufgelockert werden.[25] Die Spielräume, vielfältige, ungewöhnliche und innovative pädagogische Methoden und auch Prüfungsformen zu nutzen, die eine eigenständige Auseinandersetzung mit dem Thema ermöglichen, sollten hierbei ausgeschöpft werden (vgl. Schubert 2022b i.E.). Im Rahmen von Präsentationsprüfungen sowie schriftlichen Ausarbeitungen als Prüfungsfor-

---

[25] Vgl. unter anderem die methodischen Vorschläge in Killguss et al. 2020a.

men bietet es sich an, Student*innen Fallstudien über potentiell antisemitische konkrete Phänomene durchführen zu lassen. In diesem Kontext kann die wissenschaftliche Kompetenz gestärkt werden, da hierfür Recherchen, die reflektierte Anwendung von Theorien und Definitionen, das Abwägen verschiedener Perspektiven sowie das analytische Beurteilen eingeübt werden. Insbesondere Einstiegssequenzen von Bildungsformaten bieten sich für das Einbringen persönlicher Erfahrungen der Lerngruppe an. Durch Quizze und spielerische Methoden kann schnell ein Überblick über vorhandenes Vorwissen erreicht werden. Regelmäßig sollten durch den Einsatz unterschiedlicher (digitaler) Medien praxisnahe Beispiele eingebracht werden, z. B. Fotos und Videoaufnahmen von Demonstrationen[26], die dann in Hinblick auf antisemitische Phänomene durch die Lerngruppe analysiert werden können. Gerade in Bezug auf historische Abschnitte bietet sich die Auseinandersetzung mit zeitgenössischen (jüdischen) Berliner Biographien an. In Berlin (und anderen Großstädten) bietet sich auch der Besuch von NS-Gedenkstätten bzw. eines historischen Bildungsortes, des Jüdischen Museums oder einer Synagoge an. Auch Methoden des forschenden Lernens können zum Einsatz kommen, insbesondere bei Recherchen zu historischen Aspekten des Antisemitismus.

Insbesondere die Einladung von polizeilichen und nichtpolizeilichen Gast-Expert*innen erscheint bei dem vielschichtigen Thema Antisemitismus sinnvoll. Für das Vertiefungsmodul konnten in den bislang sechs Semestern der Durchführung des Moduls „Antisemitismus – Judenfeindschaft als Problem für Gesellschaft und Polizei" folgende Personen, Institutionen und Organisationen für Kooperationen und die Gestaltung von Sitzungen gewonnen werden:
- Der Antisemitismusbeauftragte der Jüdischen Gemeinde zu Berlin,
- Synagoge Rykestraße (Berlin),
- Der Antisemitismusbeauftragte der Berliner Polizei,
- Der Antisemitismusbeauftragte des Berliner Bezirks Lichtenberg,
- Bundesverband der Recherche- und Informationsstellen Antisemitismus/ Recherche- und Informationsstelle Antisemitismus Berlin,
- Projekt „Regishut – Sensibilisierung zu Antisemitismus in der Berliner Polizei" des Vereines für Demokratische Kultur in Berlin e. V.,

---

[26] In Berlin führen insbesondere das Jüdische Forum für Demokratie und gegen Antisemitismus e. V. sowie democ. – Zentrum Demokratischer Widerspruch e. V. Videomonitoring entsprechender Veranstaltungen durch.

– Ein freier Wissenschaftler mit Forschungsexpertise zum Al-Quds-Tag,
  Mitarbeiter des Antisemitismusbeauftragten des Landes Sachsen-Anhalts,
– Kompetenzzentrum Prävention und Empowerment der Zentralwohl-
  fahrtsstelle der Juden in Deutschland,
– Dokumentationszentrum Topographie des Terrors,
– Stiftung Neue Synagoge Berlin – Centrum Judaicum.

Ein modellhafter Semesterplan könnte z. B. so aussehen:

1. Einstieg in das Thema, Klärung von Vorwissen, Erwartungen und indivi-
   duellen Zielen
2. Geschichte des Antisemitismus I: Die Entstehung des modernen Antisemitismus im 19. Jahrhundert (z. B. verdeutlicht anhand der „Protokolle
   der Weisen von Zion")
3. Geschichte des Antisemitismus II: Der Antisemitismus des Nationalsozialismus und die Rolle der Polizei
4. Geschichte des Antisemitismus III: Antisemitismus in West- und Ostdeutschland nach 1945
5. Perspektiven auf Antisemitismus I: Jüdische Perspektiven auf Antisemitismus und jüdisches Leben in Deutschland
6. Perspektiven auf Antisemitismus II: Polizeiliche Aufgaben, Begriffe und
   Kategorien
7. Perspektiven auf Antisemitismus III: Praktische Erfordernisse und Herausforderungen einer polizeilichen Arbeit gegen Antisemitismus aus Sicht
   des Antisemitismusbeauftragten
8. Perspektiven auf Antisemitismus IV: Monitoring antisemitischer Vorfälle
   durch zivilgesellschaftliche Organisationen
9. Kontexte antisemitischer Vorfälle I: Antisemitismus im Rechtsextremismus
10. Kontexte antisemitischer Vorfälle II: Antisemitismus im Islamismus und
    unter muslimisch sozialisierten Personen
11. Kontexte antisemitischer Vorfälle III: Antisemitismus und die gesell-
    schaftliche „Mitte" / Antisemitismus in der radikalen Linken
12. Kontexte antisemitischer Vorfälle IV: Vertiefung israelbezogener Antise-
    mitismus / Antisemitismus als Element von Brückennarrativen
13. Antisemitismus im Internet als Hassrede sowie als Element von Radikali-
    sierung, Gegenmaßnahmen
14. Zusammenfassende Auswertung

Weitere Sitzungsthemen können abhängig von Interessen der Lerngruppe und aktuellen gesellschaftlichen Entwicklungen z. B. umfassen:

- Antisemitismus und Vorurteilskriminalität im Kontext Sport, insbesondere Fußball;
- Verschwörungsideologien (z. B. im Zusammenhang mit „Corona-Protesten" sowie insbesondere im Web);
- Die politische Diagnose eines durch Einwanderer*innen „importierten Antisemitismus" (vgl. Berek 2017);
- Vertiefung: Jüdische Perspektiven (z. B. Auswertung wissenschaftlicher Studien zum Thema);
- Vertiefung: Parallelen und Unterschiede von Antisemitismen zu weiteren Vorurteilsphänomenen (z. B. Rassismus gegen Rom*nja und Sint*izze).

## 6. Schluss

Antisemitismus ist, entgegen verbreiteter Annahmen, von anhaltender Relevanz in Deutschland. Der Umgang mit seinen transformierten, inzwischen dominanten Ausdrucksformen stellt jedoch eine Quelle anhaltender Verunsicherung dar. Für den Schutz der betroffenen von Antisemitismus ist ein kompetenter und professioneller Umgang mit ihm unerlässlich. Bereits während der Ausbildung sollte angehenden Polizist*innen vermittelt werden, das komplexe Phänomen erkennen, rechtlich und fachlich bewerten und in seiner gesellschaftlichen Wirkung verstehen zu können. In diesem Artikel wurde aus der Perspektive der antisemitismuskritischen Bildung dahingehend argumentiert, Antisemitismus als spezifischen Lerngegenstand zu thematisieren. Zwar weisen auch anderen Aspekte der Polizeiausbildung Bezüge zum Thema Antisemitismus auf. Verbleibt eine pädagogische Auseinandersetzung aber bei der Feststellung der Gemeinsamkeiten von Antisemitismus mit angrenzenden Phänomenen (z. B. der Hasskriminalität), bleiben Besonderheiten unterbestimmt und das Verständnis von Antisemitismus notwendig unterkomplex. Dies wurde anhand einiger thematischer Lernfelder schlaglichtartig gezeigt.

Berichtet wurden anschließend Erfahrungen aus einem 2019 gestarteten Lernangebot, dass Teil der Ausbildung zum gehobenen Polizeivollzugsdienst in Berlin ist. Viele in diesem Kontext angestellten konzeptionelle Überlegungen sind übertragbar auf weitere Bundesländer und Städte.

Abschließend sollen einige Empfehlungen formuliert werden: Die Auseinandersetzung mit Antisemitismus und anderen Formen von „Gruppenbezogener Menschenfeindlichkeit" sollte ebenso wie Vorurteilskriminalität fester Bestandteil der polizeilichen Ausbildung werden. Auch im Bereich der Fortbildung sollte die politische Bildung zu diesen Themen gestärkt werden. Der Unabhängige Expertenkreis Antisemitismus empfahl in seinem 2017 erschienenen Bericht, Bildungsangebote für Fachkräfte auszubauen und diese „nicht ausschließlich projektbezogen", sondern als „Teil der Ausbildung in den regelgeförderten Strukturen" anzubieten (Bundesministerium des Innern 2017, S. 236). Dies steht in den Bundesländern noch weitgehend aus. V. a. in Berlin kam es in den letzten Jahren zu einer Reihe relevanter und wichtiger Initiativen, inklusive Impulsen in Bezug auf institutionelle antisemitismuskritische Weiterentwicklung. Diese Aktivitäten sollten in Zukunft verstetigt und ausgebaut werden. Zu prüfen wäre die Einstellung weiterer wissenschaftlichen Personals an der HWR und weiterer Hochschulen, welches die Themen Antisemitismus und Vorurteile, vorurteilsmotivierte Kriminalität und Extremismus schwerpunktmäßig in Forschung und Lehre bearbeitet. Auch wäre zu prüfen, inwiefern die in Berlin insgesamt an Hochschulen versammelten Kompetenzen in den Bereichen Extremismus, Radikalisierung, Vorurteile, soziale Bewegung etc. noch besser gebündelt und nutzbar gemacht werden können – für die Polizeiausbildung und darüber hinaus.

## Literaturverzeichnis

Atali-Timmer, Fatos (2021): Interkulturelle Kompetenz bei der Polizei. Eine rassismuskritische Studie. Opladen.

Arnold, Sina (2022): Eine Definition für die Praxis. In: *conflict & communication online* 21 (1). Online verfügbar unter https://regener-online.de/journalcco/2022_1/pdf/arnold2022_dt.pdf, zuletzt geprüft am 04.04.2022.

Autorengruppe Fachdidaktik (2016): Was ist gute politische Bildung? Leitfaden für den sozialwissenschaftlichen Unterricht. Schwalbach/Ts.

Baier, Jakob/Grimm, Marc (Hg.) (2022): Antisemitismus in Jugendkulturen. Erscheinungsformen und Gegenstrategien (Antisemitismus und Bildung, Bd. 3). Frankfurt am Main.

Becker, Matthias J. (2020): Antisemitismus im Internet, in: *Aus Politik und Zeitgeschichte* 70 (26–27). Online verfügbar unter https://www.bpb.de/apuz/311632/antisemitismus-im-internet, zuletzt geprüft am 16.12.2021.

Behr, Rafael (2016): Diversität und Polizei. Eine polizeiwissenschaftliche Perspektive, in: Genkova, Petia/Ringeisen, Tobias (Hg.), Handbuch Diversity Kompetenz. Bd. 1: Perspektiven und Anwendungsfelder. Wiesbaden, S. 557–578.

Behr, Rafael (2017): Diskriminierung durch Polizeibehörden, in: Scherr, Albert/El-Mafaalani, Aladin/Yüksel, Gökcen (Hg.), Handbuch Diskriminierung. Wiesbaden, S. 301–319.

Ben Slama, Brahim/Kemmesies, Uwe (Hg.) (2020): Handbuch Extremismusprävention. Gesamtgesellschaftlich. phänomenübergreifend. Wiesbaden (Polizei + Forschung, Bd. 54). Online verfügbar unter https://www.bka.de/SharedDocs/Downloads/DE/Publikationen/Publikationsreihen/PolizeiUndForschung/1_54_HandbuchExtremismuspraevention.pdf;jsessionid=F4BD849C0183328C75EB24239723AC1A.live602?__blob=publicationFile&v=12, zuletzt geprüft am 20.12.2021.

Benz, Wolfgang (2000): Geschichte des Dritten Reiches. München.

Berek, Matthias (2017): Importierter Antisemitismus? Zum Zusammenhang von Migration, Islam und Antisemitismus in Deutschland, in: *Jahrbuch für Antisemitismusforschung* 26, S. 327–360.

Berendsen, Eva/Erkens, János/Uhlig, Tom David (2017): Natürliche Feind*innen: Über die Verschränkungen von Sexismus und Antisemitismus, in: Mendel, Meron/Messerschmidt, Astrid (Hg.), Fragiler Konsens. Antisemitismuskritische Bildung in der Migrationsgesellschaft. Frankfurt am Main, S. 223–247.

Bergmann, Werner (2007): „Störenfriede der Erinnerung". Zum Schuldabwehr-Antisemitismus in Deutschland, in: Bogdal, Klaus-Michael/Holz, Klaus/Lorenz, Matthias N. (Hg.), Literarischer Antisemitismus nach Auschwitz. Stuttgart, S. 13–35.

Bergmann, Werner/Erb, Rainer (1986): Kommunikationslatenz, Moral und öffentliche Meinung. Theoretische Überlegungen zum Antisemitismus in der Bundesrepublik Deutschland, in: *Kölner Zeitschrift für Soziologie und Sozialpsychologie* 38 (2), S. 223–246.

Bergmann, Werner/Heitmeyer, Wilhelm (2005): Antisemitismus: Verliert die Vorurteilsrepression ihre Wirkung?, in: Heitmeyer, Wilhelm (Hg.), Deutsche Zustände. Folge 3. Frankfurt am Main, S. 224–238.

Bernstein, Julia (2021): Israelbezogener Antisemitismus. Erkennen – Handeln – Vorbeugen. Weinheim.

Beyer, Heiko/Liebe, Ulf (2020): Diskriminierungserfahrungen und Bedrohungswahrnehmungen von in Deutschland lebenden Juden, in: *Zeitschrift für Religion, Gesellschaft und Politik* 4 (1), S. 127–148. Online verfügbar unter https://link.springer.com/article/10.1007/s41682-020-00056-8, zuletzt geprüft am 20.12.2021.

Biskamp, Floris (2019): Ideologiekritik als Kritik systematisch verzerrter Kommunikationsbedingungen: Zum ideologiekritischen Potenzial der Habermas'schen Theorie, in: Krüger, Uwe/Sevignani, Sebastian (Hg.), Ideologie, Kritik, Öffentlichkeit: Verhandlungen des Netzwerks Kritische Kommunikationswissenschaft. Leipzig, S. 66–84. Online verfügbar unter https://ul.qucosa.de/api/qucosa%3A36207/attachment/ATT-0/, zuletzt geprüft am 20.12.2021

Botsch, Gideon (2021): Ein „nach rechts verzerrtes Bild"? Antisemitische Vorfälle zwischen Polizeistatistik, Monitoring und Betroffenenperspektive, in: *Neue Kriminalpolitik* 33 (4), S. 456–473.

Botsch, Gideon (2019): Rechtsextremismus und „neuer Antisemitismus", in: Glöckner, Olaf/Jikeli, Günther (Hg.), Das neue Unbehagen. Antisemitismus in Deutschland heute. Hildesheim (Haskala: Wissenschaftliche Abhandlungen, Bd. 53), S. 21–38.

Botsch, Gideon/Kopke, Christoph (2016): Kontinuität des Antisemitismus: Israel im Blick der extremen Rechten, in: Glöckner, Olaf/Schoeps, Julius H. (Hg.), Deutschland, die Juden und der Staat Israel. Eine politische Bestandsaufnahme. Hildesheim/Zürich/New York (Haskala: Wissenschaftliche Abhandlungen, Bd. 49), S. 285–313.

Brenner, Michael (2016): Israel: Traum und Wirklichkeit des jüdischen Staates. Von Theodor Herzl bis heute. München.

Broden, Anne (2013): Verstehen der Anderen? Rassismuskritische Anmerkungen zu einem zentralen Topos interkultureller Bildung, in: Scharathow/Leiprecht (2013), S. 119–134.

Browning, Christopher R. (2020): Ganz normale Männer. Das Reserve-Polizeibataillon 101 und die „Endlösung" in Polen. Erweiterte Neuausgabe. Hamburg.

Brühl, Christian (2012): „Ich dachte immer, dass das in Deutschland gar nicht so schlimm wäre". Die Geschichte von Dieter Tamms Laden als Lehrstück zum Problem des aktuellen Antisemitismus in der Einwanderungsgesellschaft, in: Gebhardt, Richard/Klein, Anne/Meier, Marcus/Clemens, Dominik (Hg.), Antisemitismus in der Einwanderungsgesellschaft. Beiträge zur kritischen Bildungsarbeit. Weinheim, S. 70–92.

Bundesministerium des Innern (Hg.) (2011): Antisemitismus in Deutschland. Erscheinungsformen, Bedingungen, Präventionsansätze. Bericht des unabhängigen Expertenkreises Antisemitismus. Berlin. Online verfügbar unter https://www.bmi.bund.de/SharedDocs/downloads/DE/publikationen/themen/heimat-integration/expertenkreis-antisemitismus/antisemitismus-in-deutschland-bericht.pdf;jsessionid=AB3F71AF7C35F48C52FDA2A939B6C9AA.1_cid287?__blob=publicationFile&v=3.

Bundesministerium des Innern (Hg.) (2017): Antisemitismus in Deutschland – aktuelle Entwicklungen. Berlin. Online verfügbar unter https://www.bmi.bund.de/SharedDocs/downloads/DE/publikationen/themen/heimat-integration/expertenkreis-antisemitismus/expertenbericht-antisemitismus-in-deutschland.pdf;jsessionid=B505 77F1B1F7F4527FC2C6B61E3DCA49.2_cid295?__blob=publicationFile&v=7, zuletzt geprüft am 07.01.2021.

Bundesministerium des Innern, für Bau und Heimat/Bundeskriminalamt (Hg.) (2021): Politisch motivierte Kriminalität im Jahr 2020. Bundesweite Fallzahlen. Online verfügbar unter https://www.bmi.bund.de/SharedDocs/downloads/DE/veroeffentlichungen/2021/05/pmk-2020-bundesweite-fallzahlen.pdf?__blob=publicationFile&v=4, zuletzt geprüft am 09.08.2021.

Bundesverband RIAS (2021): Handbook for the practical use of the IHRA Working Definition of Antisemitism. Hg. v. European Commission. Luxemburg. Online verfügbar unter https://www.report-antisemitism.de/documents/IHRADefinition_Handbook.pdf, zuletzt geprüft am 16.12.2021.

Chernivsky, Marina/Lorenz, Friederike (2020): „Das ist überhaupt nicht greifbar, und deswegen ist es so schwer, dagegen auch was zu machen". Eine Studie zu Antisemitismus im Bildungswesen, in: Zentralrat der Juden in Deutschland (Hg.), „Du Jude". Antisemitismus-Studien und ihre pädagogischen Konsequenzen. Leipzig, S. 151–169.

Coester, Marc (2018), Das Konzept der Vorurteilskriminalität, in: Institut für Demokratie und Zivilgesellschaft (Hg.): Wissen schafft Demokratie, Bd. 4. Jena, S. 38–47. Online verfügbar unter https://www.idz-jena.de/fileadmin/user_upload/PDFS_WsD4/Text_Coester.pdf, zuletzt geprüft am 16.12.2021.

Czollek, Leah Carola (2013): Die Ambivalenz, Israel zu kritisieren. Ein Erfahrungsbericht aus Seminaren zum Thema Antisemitismus im Hochschulbereich, in: Scharathow/Leiprecht (2013), S. 171–182.

Deppisch, Sven (2017): Täter auf der Schulbank. Die Offiziersausbildung der Ordnungspolizei und der Holocaust. Marburg (Veröffentlichungen des Bayerischen Polizeimuseums, Bd. 2).

Der Präsident der Hochschule für Wirtschaft und Recht Berlin (Hg.) (2017): Studienordnung des Bachelorstudiengangs Gehobener Polizeivollzugsdienst des Fachbereichs Polizei und Sicherheitsmanagement der Hochschule für Wirtschaft und Recht Berlin vom 12.04.2016, geändert am 15.11.2016. Hochschule für Wirtschaft und Recht. Online verfügbar unter https://www.hwr-berlin.de/fileadmin/portal/Dokumente/HWR-Berlin/Mitteilungsbl%C3%A4tter/2017/Mitteilungsblatt_06-2017_FB_5_Studienordnung_Polizeivollzugsdienst.pdf, zuletzt geprüft am 19.04.2021.

Dierl, Florian/Hausleitner, Mariana/Hölzl, Martin/Mix, Andreas (Hg.) (2011): Ordnung und Vernichtung. Die Polizei im NS-Staat. Dresden.

Eckmann, Monique/Kößler, Gottfried (2020): Pädagogische Auseinandersetzung mit aktuellen Formen des Antisemitismus. Qualitätsmerkmale und Spannungsfelder mit Schwerpunkt auf israelbezogenem und sekundärem Antisemitismus. Genf/Frankfurt am Main. Online verfügbar unter https://www.dji.de/fileadmin/user_upload/FGJ4/Eckmann_Koessler_2020_Antisemitismus.pdf, zuletzt geprüft am 20.06.2020.

Eppenstein, Thomas (2020): Grenzen und Spannungsfelder antisemitismuskritischer Bildung, in: Zentralrat der Juden in Deutschland (Hg.), „Du Jude". Antisemitismus-Studien und ihre pädagogischen Konsequenzen. Leipzig, S. 209–225.

Erb, Sebastian (2020): Das Netz des Attentäters. Der Anschlage von Stephan Balliet in Halle und wie sein Video und „Manifest" im Internet verbreitet wurde, in: Baeck, Jean-Philipp/Speit, Andreas (Hg.), Rechte Egoshooter. Von der virtuellen Hetze zum Livestream-Attentat. Bonn (Schriftenreihe der Bundeszentrale für Politische Bildung, Bd. 10555), S. 26–45.

European Union/Agency for Fundamental Rights (2018): Experiences and perceptions of antisemitism: second survey on discrimination and hate crime against Jews in the EU. European Union; Agency for Fundamental Rights. Online verfügbar unter https://data.europa.eu/doi/10.2811/696582, zuletzt geprüft am 21.06.2020.

Feldmann, Dorina/Kohlstruck, Michael/Laube, Max/Schultz, Gebhard/Tausendteu-fel, Helmut (2018): Klassifikation politisch rechter Tötungsdelikte – Berlin 1990 bis 2008. Berlin. Online verfügbar unter https://depositonce.tu-berlin.de/bit-stream/11303/7991/3/Klassifikation_politsch_rechter_Toetungsdelikte_2.Auflage. pdf, zuletzt geprüft am 16.07.2020.

Forum für Kritische Rechtsextremismusforschung (Hg.) (2011): Ordnung, Macht, Ext-remismus. Effekte und Alternativen des Extremismusmodells. Forum für Kritische Rechtsextremismusforschung. Wiesbaden.

Franze, Bettina (2017): Interkulturelle Kompetenzen bei der Polizei – Wunsch versus Wirklichkeit, in: *Polizei & Wissenschaft* (2), S. 14–26.

Geiger, Wolfgang (2010), Christen, Juden und das Geld. Über die Permanenz eines Vorurteils und seine Wurzeln, in: *Einsicht. Bulletin des Fritz-Bauer-Instituts*, Nr. 4, S. 30–37. Online verfügbar unter https://www.fritz-bauer-institut.de/fileadmin/edi-torial/publikationen/einsicht/einsicht-04.pdf, zuletzt geprüft am 16.12.2021.

Geschke, Daniel (2017), Alle reden vom Hass. Was steckt dahinter? Eine Einführung, in: *Wissen schafft Demokratie*, Nr. 1, S. 168–186. Online verfügbar unter https://www. idz-jena.de/wsddet/wsd1-13/, zuletzt geprüft am 16.12.2021.

Goldenbogen, Anne/Kleinmann, Sarah (2021): Aktueller Antisemitismus in Deutsch-land. Verflechtungen, Diskurse, Befunde. Berlin. Online verfügbar unter https:// www.rosalux.de/fileadmin/rls_uploads/pdfs/Studien/Studien_1-21_Aktueller_An-tisemitismus.pdf, zuletzt geprüft am 16.12.2021.

Hafeneger, Benno/Widmaier, Benedikt (2019): Warum rassismuskritische politische Bildung? In: Hafeneger, Benno/Unkelbach, Katharina/Widmaier, Benedikt (Hg.), Rassismuskritische politische Bildung: Theorien – Konzepte – Orientierungen. Frankfurt am Main, S. 9–15.

Hartmann, Deborah (2020): Antisemitismus und Shoah in der Bildungsarbeit: Pro-blemfelder, Herausforderungen und Chancen, in: Grimm, Marc/Müller, Stefan (Hg.), Bildung gegen Antisemitismus. Spannungsfelder der Aufklärung. Frankfurt am Main (Antisemitismus und Bildung, Bd. 1), S. 232–247.

Haug, Verena (2017): Antisemitismuskritische Bildungsarbeit in Gedenkstätten?, in: Mendel, Meron/Messerschmidt, Astrid (Hg.), Fragiler Konsens. Antisemitismuskri-tische Bildung in der Migrationsgesellschaft. Frankfurt am Main, S. 155–169.

Hößl, Stefan E. (2020a): Antisemitismus unter „Musliminnen und Muslimen". Verhält-nisbestimmungen im Spannungsfeld von Tabuisierungen von Problemlagen und antimuslimischem Rassismus, in: ders./Jamal, Lobna/Schellenberg, Frank (Hg.), Politische Bildung im Kontext von Islam und Islamismus. Bonn (Schriftenreihe der Bundeszentrale für politische Bildung, Bd. 10399), S. 301–322.

Hößl, Stefan E. (2020b): Antisemitismus unter „muslimischen Jugendlichen". Empiri-sche Perspektiven auf Antisemitismus im Zusammenhang mit Religiösem im Den-ken und Wahrnehmen Jugendlicher. Wiesbaden.

Hübscher, Monika/Mering, Sabine von (ed.) (2022): Antisemitism on social media. Abingdon, Oxon/New York, NY.

Ionescu, Dana (2022): Die Antisemitismusdefinition der IHRA im Handgemenge. Eine kritische Diskussion der Mobilisierungen gegen die erste internationale Antisemitismusdefinition. In: *conflict & communication online* 21 (1). Online verfügbar unter https://regener-online.de/journalcco/2022_1/pdf/ionescu2022_dt.pdf, zuletzt geprüft am 04.04.2022.

Ionescu, Dana/Salzborn, Samuel (Hg.) (2014): Antisemitismus in deutschen Parteien. Baden-Baden (Interdisziplinäre Antisemitismusforschung, Bd. 2).

Jahn, Sarah Jadwiga (2021): „Die Pizza" und „der Antisemitismus". Antisemitismusprävention als Handlungsfeld in der Polizeiausbildung. Eine Projektvorstellung, in: Polizeiakademie Niedersachsen (Hg.), Forschung, Bildung, Praxis im gesellschaftlichen Diskurs. Frankfurt am Main, S. 84–95.

Jikeli, Günther (2020): A Model for Coming to Terms with the Past? Holocaust Remembrance and Antisemitism in Germany since 1945, in: *Israel Journal of Foreign Affairs* 14 (3), S. 427–446.

Jikeli, Günther (2019): Antisemitismus unter Muslimen in Deutschland und Europa, in: Glöckner, Olaf/Jikeli, Günther (Hg.), Das neue Unbehagen. Antisemitismus in Deutschland heute. Hildesheim (Haskala: Wissenschaftliche Abhandlungen, Bd. 53), S. 49–72.

Jikeli, Günther (2012): Antisemitismus und Diskriminierungswahrnehmungen junger Muslime in Europa. Ergebnisse einer Studie unter jungen muslimischen Männern. Essen (Antisemitismus - Geschichte und Strukturen, Bd. 7).

Judt, Tony (2019): Zur Unterscheidung zwischen Antisemitismus und Antizionismus, in: Heilbronn, Christian/Rabinovici, Doron/Sznaider, Natan (Hg.), Neuer Antisemitismus? Fortsetzung einer globalen Debatte. Zweite, erweiterte und überarbeitete Auflage. Berlin, S. 63–72.

Kiess, Johannes/Decker, Oliver/Heller, Ayline/Brähler, Elmar (2020): Antisemitismus als antimodernes Ressentiment: Struktur und Verbreitung eines Weltbildes, in: Decker, Oliver/Brähler, Elmar (Hg.), Autoritäre Dynamiken Alte Ressentiments – neue Radikalität. Leipziger Autoritarismus-Studie 2020. Gießen, S. 211–248. Online verfügbar unter https://www.boell.de/sites/default/files/2021-04/Decker-Braehler-2020-Autoritaere-Dynamiken-Leipziger-Autoritarismus-Studie_korr.pdf?dimension1=ds_leipziger_studie, zuletzt geprüft am 20.12.2021.

Kinzel, Tanja/Poensgen, Daniel (2021): Wie lässt sich Antisemitismus erkennen? Chancen und Grenzen der IHRA-Arbeitsdefinition. Online verfügbar unter https://www.anders-denken.info/orientieren/wie-l%C3%A4sst-sich-antisemitismus-erkennen-chancen-und-grenzen-der-ihra-arbeitsdefinition?fbclid=IwAR2eR-dTE-LIj3YQdKJ_hItl9ZzKdhJxkL7YEKH1AGTga_9PmVRUXqByUrMc, zuletzt geprüft am 16.12.2021.

Killguss, Hans-Peter/Meier, Marcus/Werner, Sebastian (Hg.) (2020a): Bildungsarbeit gegen Antisemitismus. Grundlagen, Methoden & Übungen. Frankfurt am Main.

Killguss, Hans-Peter/Meier, Marcus/Werner, Sebastian (2020b): Einleitung, in: dies. (2020a), S. 8–15.

Kohlstruck, Michael/Ullrich, Peter ([2]2015): Antisemitismus als Problem und Symbol. Phänomene und Interventionen in Berlin. Berlin (Berliner Forum Gewaltprävention, Nr. 52). Online verfügbar unter https://depositonce.tu-berlin.de/bitstream/11303/4866/1/kohlstruck_et-al.pdf, zuletzt geprüft am 16.12.2021.

Kopke, Christoph (2019): Polizei und Rechtsextremismus, in: *Aus Politik und Zeitgeschichte* 69 (21–23), S. 36–42. Online verfügbar unter https://www.bpb.de/apuz/291189/polizei-und-rechtsextremismus?p=all#fr-footnode38, zuletzt geprüft am 11.08.2021.

Kopke, Christoph/Rensmann, Lars (2000): Die Extremismus-Formel. Zur politischen Karriere einer wissenschaftlichen Ideologie, in: *Blätter für deutsche und internationale Politik* 45 (12), S. 1451–1462. Online verfügbar unter https://www.blaetter.de/ausgabe/2000/dezember/die-extremismus-formel, zuletzt geprüft am 20.01.2021.

Kugelmann, Dieter (Hg.) (2019): Polizei und Menschenrechte. Bonn (Schriftenreihe der Bundeszentrale für politische Bildung, Bd. 10451).

Küpper, Beate/Zick, Andreas (2020): Antisemitische Einstellungen in Deutschland. Befunde aus Bevölkerungsumfragen und Ableitungen für die politische Bildung, in: Zentralrat der Juden in Deutschland (Hg.), „Du Jude". Antisemitismus-Studien und ihre pädagogischen Konsequenzen. Leipzig, S. 113–133.

Lagodinsky, Sergey (2013): Kontexte des Antisemitismus. Rechtliche und gesellschaftliche Aspekte der Meinungsfreiheit und ihrer Schranken. Berlin.

Lämmel, Niklas (2019): Falsche Propheten 2014. Antisemitische Agitation auf den »Montagsmahnwachen für den Frieden«, in: Salzborn (2019), S. 217–236.

Laube, Max (2021): Antisemitische Vorfälle in Berlin (Januar 2017 – Juni 2019). Art, Ausmaß, Entwicklung. Berlin.

Lehmann, Jens (2020): Leugnung des Holocaust und „Israelkritik" als neuere Formen der Volksverhetzung, in: Lüttig, Frank/Lehmann, Jens (Hg.), Rechtsextremismus und Rechtsterrorismus (Schriften der Generalstaatsanwaltschaft Celle; Bd. 4). Baden-Baden, S. 279–307.

Lelle, Nikolas (2021): Die üblichen Verdächtigen. Antisemitismus bei den Protesten gegen die Corona-Maßnahmen, in: *Einsicht. Bulletin des Fritz-Bauer-Instituts* 13, Heft 22, S. 56–64. Online verfügbar unter https://www.fritz-bauer-institut.de/fileadmin/editorial/publikationen/einsicht/Einsicht-2021_Einzelseiten.pdf, zuletzt geprüft am 04.04.2022.

Liebscher, Doris (2020): Sind Juden weiß? Von den Schwierigkeiten des rechtlichen Umgangs mit Antisemitismus, in: *Jahrbuch für Antisemitismusforschung* 29, S. 422–452.

Liebscher, Doris/Pietrzyk, Kristin/Lagodinski, Sergey/Steinitz, Benjamin (2020): Antisemitismus im Spiegel des Rechts Zur Berücksichtigung aktueller Ausdrucksweisen des Antisemitismus in der deutschen Rechtsprechung, in: *Neue Juristische Online Zeitschrift* 20, S. 897–902.

Lohl, Jan (2017): „Ein total besiegtes Volk": Tiefenhermeneutische Überlegungen zum Komplex „Geschichte, völkischer Nationalismus und Antisemitismus" im Rechtspopulismus, in: Mendel, Meron/Messerschmidt, Astrid (Hg.), Fragiler Konsens. Antisemitismuskritische Bildung in der Migrationsgesellschaft. Frankfurt am Main, S. 281–303.

Lohl, Jan (2008): Gefühlserbschaft und aggressiver Nationalismus. Eine sozialpsychologische Studie zur Generationengeschichte des Nationalsozialismus. Dissertation. Leibniz Universität Hannover. Online verfügbar unter https://www.repo.uni-hannover.de/bitstream/handle/123456789/7135/577237756.pdf?sequence=1&isAllowed=y, zuletzt geprüft am 22.01.2021.

Lüter, Albrecht (2019): Professioneller Umgang mit Opfern von Straftaten als polizeiliche Kernkompetenz. Zur Evaluation neuer Ausbildungsmodule an der Berliner Polizeiakademie (Berliner Forum Gewaltprävention, Nr. 67). Online verfügbar unter https://www.berlin.de/lb/lkbgg/_assets/bfg_67_heft4.pdf, zuletzt geprüft am 13.07.2020.

Meiering, David/Dziri, Aziz/Foroutan, Naika/Teune, Simon/Lehnert, Esther/Abou Taam, Marwan (2018): Brückennarrative. Verbindende Elemente in der Radikalisierung von Gruppen. Hessische Stiftung Friedens- und Konfliktforschung. Frankfurt am Main (Report-Reihe Gesellschaft Extrem, Nr. 7). Online verfügbar unter https://www.hsfk.de/fileadmin/HSFK/hsfk_publikationen/prif0718.pdf, zuletzt geprüft am 20.12.2021.

Meiering, David/Foroutan, Naika (2020): Brückennarrative: Ein Vorschlag für die Radikalisierungsprävention, in: Meinhardt, Anne-Kathrin/Redlich, Birgit (Hg.), Linke Militanz. Pädagogische Arbeit in Theorie und Praxis. Frankfurt am Main, S. 127–137. Online verfügbar unter http://www.linke-militanz.de/data/akten/2020/03/Meinhardt_Redlich_Linke-Militanz-P%C3%A4dagogische-Arbeit-in-Theorie-und-Praxis.pdf, zuletzt geprüft am 20.12.2021.

Meisner, Matthias/Kleffner, Heike (Hg.) (2019): Extreme Sicherheit. Rechtsradikale in Polizei, Verfassungsschutz, Bundeswehr und Justiz. Freiburg.

Messerschmidt, Astrid (2014): Bildungsarbeit in der Auseinandersetzung mit gegenwärtigem Antisemitismus, in: *Aus Politik und Zeitgeschichte* 64 (28–30), S. 38–44. Online verfügbar unter https://www.bpb.de/apuz/187421/bildungsarbeit-in-der-auseinandersetzung-mit-gegenwaertigem-antisemitismus?p=all, zuletzt geprüft am 19.01.2021.

Messerschmidt, Astrid (2013): Antisemitismuskritik im Kontext migrationsgesellschaftlicher und geschlechterreflektierender Bildung, in: *Jahrbuch für Antisemitismusforschung* 22, S. 99–122.

Möllers, Martin H. W. (2017): Der Theorie-Praxis-Streit bei der Polizei. Zur Frage der Notwendigkeit des wissenschaftlichen Arbeitens gerade zum Nutzen der polizeilichen Praxis, in: Kopke, Christoph/Kühnel, Wolfgang (Hg.), Demokratie, Freiheit und Sicherheit. Festschrift zum 65. Geburtstag von Hans-Gerd Jaschke. Baden-Baden, S. 325–342.

Müller, Stefan (2021): Grenzen der Aufklärung? Antisemitismusprävention unter institutionellen Bedingungen, in: Blättel-Mink, Birgit (Hg.), Gesellschaft unter Spannung. Verhandlungen des 40. Kongresses der Deutschen Gesellschaft für Soziologie

2020. Online verfügbar unter https://publikationen.soziologie.de/index.php/kongressband_2020/article/download/1349/1615, zuletzt geprüft am 20.12.2021.

Nägel, Verena/Kahle, Lena (2018): Die universitäre Lehre über den Holocaust in Deutschland. Berlin. Online verfügbar unter https://refubium.fu-berlin.de/bitstream/handle/fub188/21625/Naegel_Kahle_universitaere_Lehre_ueber_Holocaust_Deutschland. pdf?sequence=7&isAllowed=y, zuletzt geprüft am 06.01.2021.

Nußberger, Angelika (Hg.) (2021): Verantwortung der Polizei in einer pluralistischen Gesellschaft. Die gute Arbeit der Polizeibeamten stärken, Fehlverhalten frühzeitig erkennen und ahnden. Abschlussbericht. Frankfurt am Main

Öztürk, Cemal/Pickel, Gert (2021): Der Antisemitismus der Anderen: Für eine differenzierte Betrachtung antisemitischer Einstellungen unter Muslim:innen in Deutschland, in: *Zeitschrift für Religion, Gesellschaft und Politik*. Online verfügbar unter https://www.ncbi.nlm.nih.gov/pmc/articles/PMC8480124/pdf/41682_2021_Article_78.pdf, zuletzt geprüft am 16.12.2021.

Pfahl-Traughber, Armin (2017): Die EUMC-Arbeitsdefinition Antisemitismus in der Kritik. Anmerkungen zu fehlender Trennschärfe und Vollständigkeit. Online verfügbar unter https://www.hagalil.com/2017/07/EUMC-ARBEITSDEFINITION-ANTISEMITISMUS/, zuletzt geprüft am 22.12.2020.

Pickel, Gert/Reimer-Gordinskaya, Katrin/Decker, Oliver (2019): Der Berlin-Monitor 2019. Vernetzte Solidarität – Fragmentierte Demokratie. Online verfügbar unter https://berlin-monitor.de/wp-content/uploads/2019/08/Berlin_Monitor_2019.pdf, zuletzt geprüft am 16.12.2021.

Poensgen, Daniel/Steinitz, Benjamin (2019a): Alltagsprägende Erfahrung, in: Salzborn (2019), S. 11–28.

Poensgen, Daniel/Steinitz, Benjamin (2019b): Alltagsprägende Erfahrungen sichtbar machen. Antisemitismus-Monitoring in Deutschland und der Aufbau des Meldenetzwerkes RIAS, in: Glöckner, Olaf/Jikeli, Günther (Hg.), Das neue Unbehagen. Antisemitismus in Deutschland heute. Hildesheim (Haskala: Wissenschaftliche Abhandlungen, Bd. 53), S. 173–197.

Porat, Dina (2018): Definitionen des Antisemitismus. Kontroversen über den Gegenstandsbereich eines streitbaren Begriffs, in: Grimm, Marc/Kahmann, Bodo (Hg.), Antisemitismus im 21. Jahrhundert: Virulenz einer alten Feindschaft in Zeiten von Islamismus und Terror. Boston, MA (Europäisch-jüdische Studien: Beiträge, Bd. 36), S. 27–49.

Quent, Matthias (2017): Rechtsextremismus und Hasskriminalität: Gemeinsamkeiten und Unterschiede der Ansätze, in: Möller, Kurt/Neuscheler, Florian (Hg.), „Wer will die hier schon haben?". Ablehnungshaltungen und Diskriminierung in Deutschland. Stuttgart, S. 21–36.

Quent, Matthias/Geschke, Daniel/Peinelt, Eric (2016): Die haben uns nicht ernst genommen: eine Studie zu Erfahrungen von Betroffenen rechter Gewalt mit der Polizei. 2. Aufl. Berlin. Online verfügbar unter https://verband-brg.de/wp-content/uploads/2019/01/EZRA-VBRG-Studie-Die_haben_uns_nicht_ernst_genommen_WEB.pdf, zuletzt geprüft am 24.05.2022.

Quent, Matthias/Rathje, Jan (2019): Von den Turner Diaries über Breivik bis zum NSU: Antisemitismus und rechter Terrorismus, in: Salzborn (2019), S. 163–178.

Rajal, Elke (2020): Möglichkeiten und Grenzen antisemitismuskritischer Pädagogik. Anregungen für die Bildungsarbeit, in: Grimm, Marc/Müller, Stefan (Hg.), Bildung gegen Antisemitismus. Spannungsfelder der Aufklärung. Frankfurt am Main (Antisemitismus und Bildung, Bd. 1), S. 182–197.

Ranc, Julijana (2016): „Eventuell nichtgewollter Antisemitismus". Zur Kommunikation antijüdischer Ressentiments unter deutschen Durchschnittsbürgern. Münster.

Reimer-Gordinskaya, Katrin/Tzschiesche, Selana (2020): Antisemitismus – Heterogenität – Allianzen. Forschungsbericht zum ersten Schwerpunkt der Aktivierenden Befragung im Berlin-Monitor. Online verfügbar unter http://berlin-monitor.de/wp-content/uploads/2020/12/Berlin-Monitor-2020-Antisemitismus-Heterogenitaet-Allianzen.pdf, zuletzt geprüft am 10.01.2021.

Rensmann, Lars/Schoeps, Julius H. (2008): Antisemitismus in der Europäischen Union: Einführung in ein neues Forschungsfeld, in: dies. (Hg.), Feindbild Judentum. Antisemitismus in Europa. Berlin, S. 9–40.

Rhein, Katharina/Uhlig, Tom David (2018): Die Sache aber ist komplizierter. Einige Notizen zur Funktionsweise von Antisemitismus für den bildungs-praktischen Kontext, in: *Lernen aus der Geschichte* (Sonderausgabe), S. 18–28. Online verfügbar unter http://lernen-aus-der-geschichte.de/Lernen-und-Lehren/content/14013, zuletzt geprüft am 19.05.2021.

Rickenbacher, Daniel (2020): Grundlagen und Formen der Annäherung zwischen dem Islamismus und der radikalen „globalen Linken" nach 9/11, in: Hagen, Nikolaus/Neuburger, Tobias (Hg.), Antisemitismus in der Migrationsgesellschaft. Theoretische Überlegungen, empirische Fallbeispiele, pädagogische Praxis. Innsbruck, S. 87–107. Online verfügbar unter https://www.uibk.ac.at/iup/buch_pdfs/antisemitismus/10.1520399106-015-4-08.pdf, zuletzt geprüft am 16.12.2021.

Saggerer, Alina (2019): »Ihr seid Juden, ihr werdet heute alle sterben.« Der Antisemitismus hinter dem islamistischen Attentat in Paris, in: Salzborn (2019), S. 269–283.

Salzborn, Samuel (2020): Kollektive Unschuld. Die Abwehr der Shoah im deutschen Erinnern. Leipzig.

Salzborn, Samuel (Hg.) (2019): Antisemitismus nach 9/11. Ereignisse, Debatten, Kontroversen. Baden-Baden (Interdisziplinäre Antisemitismusforschung, Bd. 11).

Salzborn, Samuel (2018): Extremismus, in: Voigt, Rüdiger (Hg.), Handbuch Staat. Wiesbaden, S. 1435–1444.

Salzborn, Samuel (2010): Antisemitismus als negative Leitidee der Moderne. Sozialwissenschaftliche Theorien im Vergleich. Frankfurt am Main/New York.

Salzborn, Samuel/Quent, Matthias (2019): Warum wird rechtsextremer Terror immer wieder unterschätzt? Empirische und theoretische Defizite statischer Perspektiven, in: *Wissen schafft Demokratie* (6), S. 18–26. Online verfügbar unter https://www.idz-jena.de/wsddet/wsd6-3, zuletzt geprüft am 20.12.2021.

Sander, Wolfgang ([4]2013): Politik entdecken – Freiheit leben. Didaktische Grundlagen politischer Bildung. Schwalbach/Ts. (Reihe Politik und Bildung, Bd. 50).

Scharathow, Wiebke/Leiprecht, Rudolf (Hg.) (²2013): Rassismuskritik. Band 2: Rassismuskritische Bildungsarbeit. Schwalbach/Ts. (Politik und Bildung, Bd. 48).

Schreiter, Nikolai (2021): Israelbezogener Antisemitismus von rechts. Projektionen zwischen Ablehnung, Angst und Neid, in: *Juden in Mitteleuropa. Zeitschrift des Instituts für jüdische Geschichte Österreichs*, S. 20–27.

Schubert, Kai (2022a): Pädagogische Auseinandersetzungen mit dem Nahostkonflikt: Adressierungen von israelbezogenem Antisemitismus, in: Bernstein, Julia/Grimm, Marc/Müller, Stefan (Hg.), Schule als Spiegel der Gesellschaft. Antisemitismen erkennen und handeln (Antisemitismus und Bildung; Bd. 2). Frankfurt am Main, S. 441–458.

Schubert, Kai (2022b i.E.): Antisemitismus und Musik in der politischen Bildung. Konzeptionelle Überlegungen für die pädagogische Thematisierung von Jugendkulturen, in: Kanitz, Maria/Geck, Lukas (Hg.), Musik und Antisemitismus. Baden-Baden (Interdisziplinäre Antisemitismusforschung, Bd. 13).

Schubert, Kai (2020): Israelbezogener Antisemitismus – Eine Herausforderung für die Bildungsarbeit, in: Grimm, Marc/Müller, Stefan (Hg.), Bildung gegen Antisemitismus. Spannungsfelder der Aufklärung. Frankfurt am Main (Antisemitismus und Bildung, Bd. 1), S. 151–166.

Schubert, Kai (2019): Aktueller Antisemitismus in deutschen Qualitätsmedien, in: Glöckner, Olaf/Jikeli, Günther (Hg.), Das neue Unbehagen. Antisemitismus in Deutschland heute. Hildesheim (Haskala: Wissenschaftliche Abhandlungen, 53), S. 133–150. Online verfügbar unter https://www.academia.edu/41732901/Aktueller_Antisemitismus_in_deutschen_Qualit%C3%A4tsmedien, zuletzt geprüft am 20.12.2021.

Schwarz-Friesel, Monika (2019): Judenhass im Internet. Antisemitismus als kulturelle Konstante und kollektives Gefühl. Leipzig.

Schwarz-Friesel, Monika (Hg.) (2015): Gebildeter Antisemitismus. Eine Herausforderung für Politik und Zivilgesellschaft. Baden-Baden (Interdisziplinäre Antisemitismusforschung, Bd. 6).

Schwarz-Friesel, Monika/Friesel, Evyatar/Reinharz, Jehuda (Hg.) (2010): Aktueller Antisemitismus: ein Phänomen der Mitte. Berlin.

Schwarz-Friesel, Monika/Reinharz, Jehuda (2013): Die Sprache der Judenfeindschaft im 21. Jahrhundert. Berlin/Boston (Europäisch-jüdische Studien – Beiträge, Bd. 7). Online verfügbar unter https://www.degruyter.com/downloadpdf/title/123466, zuletzt geprüft am 09.01.2021.

Senatsverwaltung für Inneres und Sport (Hg.) (2020): Antisemitismus in verfassungsfeindlichen Ideologien und Bestrebungen. Berlin. Online verfügbar unter https://www.berlin.de/sen/inneres/verfassungsschutz/publikationen/info/antisemitismus.pdf, zuletzt geprüft am 12.07.2020.

Senatsverwaltung für Justiz, Verbraucherschutz und Antidiskriminierung (2019): Berlin gegen jeden Antisemitismus! Berliner Landeskonzept zur Weiterentwicklung der Antisemitismus-Prävention. Berlin. Online verfügbar unter https://www.berlin.de/sen/justva/presse/pressemitteilungen/2019/konzept-zur-weiterentwicklung-der-antisemitismuspraevention.pdf, zuletzt geprüft am 12.07.2020.

Speit, Andreas (2020): Der Jude und die Weiblichkeit – zwei alte Feindbilder. Hintergründe zur Gedankenwelt von Stephan Balliet, in: Baeck, Jean-Philipp/Speit, Andreas (Hg.), Rechte Egoshooter. Von der virtuellen Hetze zum Livestream-Attentat. Bonn (Schriftenreihe der Bundeszentrale für Politische Bildung, Bd. 10555), S. 87–107.

Stahl, Andreas/Henkelmann, Katrin/Jäckel, Christian/Wünsch, Niklas/Zopes, Benedikt (Hg.) (2020): Konformistische Rebellen. Zur Aktualität des autoritären Charakters. Berlin.

Steinke, Ronen (2020): Terror gegen Juden. Wie antisemitische Gewalt erstarkt und der Staat versagt. Berlin.

Stender, Wolfram (2011): Antisemitismuskritische Bildungsarbeit. Forschungsstand und Perspektiven, in: *Jahrbuch für Antisemitismusforschung* 20, S. 36–54.

Stender, Wolfram (2020): Das antisemitische Unbewusste. Zur politischen Psychologie des Antisemitismus in der Bundesrepublik Deutschland, in: Hagen, Nikolaus/Neuburger, Tobias (Hg.), Antisemitismus in der Migrationsgesellschaft. Theoretische Überlegungen, empirische Fallbeispiele, pädagogische Praxis. Innsbruck, S. 21–40. Online verfügbar unter https://www.uibk.ac.at/iup/buch_pdfs/antisemitismus/10.1520399106-015-4-04.pdf, zuletzt geprüft am 16.12.2021.

Stender, Wolfram (2017): Aspekte antisemitismuskritischer Bildungsarbeit. Online verfügbar unter https://www.bpb.de/politik/extremismus/rechtsextremismus/260332/aspekte-antisemitismuskritischer-bildungsarbeit, zuletzt geprüft am 20.06.2020.

Sturm, Michael (2019): Nichts gelernt? Die Polizei und der NSU-Komplex, in: Dürr, Tina/Becker, Reiner (Hg.), Leerstelle Rassismus? Analysen und Handlungsmöglichkeiten nach dem NSU. Frankfurt am Main, S. 110–123.

Troschke, Hagen/Becker, Matthias J. (2019): Antisemitismus im Internet. Erscheinungsformen, Spezifika, Bekämpfung, in: Glöckner, Olaf/Jikeli, Günther (Hg.), Das neue Unbehagen. Antisemitismus in Deutschland heute. Hildesheim (Haskala: Wissenschaftliche Abhandlungen, 53), S. 151–172.

Uhlig, Tom David (2020): Antisemitismus im linken Spektrum. Online verfügbar unter https://www.bpb.de/politik/extremismus/antisemitismus/307887/antisemitismus-im-linken-spektrum, zuletzt geprüft am 20.01.2021.

Ullrich, Peter (2019): Gutachten zur „Arbeitsdefinition Antisemitismus" der International Holocaust Remembrance Alliance. Berlin. Online verfügbar unter https://www.rosalux.de/fileadmin/rls_uploads/pdfs/rls_papers/Papers_2-2019_Antisemitismus.pdf, zuletzt geprüft am 20.01.2021.

Vanoni, Claudia (2020): Bericht der Antisemitismusbeauftragten der Generalstaatsanwaltschaft Berlin. Berichtszeitraum: 1. September 2018 bis 31. Dezember 2019. Berlin. Online verfügbar unter https://www.berlin.de/generalstaatsanwaltschaft/_assets/presse/medien/video/jahresbericht-der-antisemitismusbeauftragten-gsta.pdf, zuletzt geprüft am 16.12.2021.

Verein für Demokratische Kultur in Berlin e. V./Recherche- und Informationsstelle Antisemitismus Berlin (Hg.) (2021): Antisemitische Vorfälle in Berlin 2020. Berlin. Online verfügbar unter https://www.report-antisemitism.de/documents/Antisemitische-Vorfaelle-2020_Jahresbericht_RIAS-Berlin.pdf, zuletzt geprüft am 16.12.2021.

Wetzel, Juliane (2019): Ein Kommentar zum Gutachten von Peter Ullrich über die „Working Definition of Antisemitism" der International Holocaust Remembrance Alliance. Berlin. Online verfügbar unter https://www.tu-berlin.de/fileadmin/i65/Veranstaltungen/2019/Stellungnahme_Wetzel.pdf, zuletzt geprüft am 22.12.2020.

Weyand, Jan (2016): Historische Wissenssoziologie des modernen Antisemitismus. Genese und Typologie einer Wissensformation am Beispiel des deutschsprachigen Diskurses. Göttingen.

Widmaier, Benedikt/Zorn, Peter (Hg.) (2016): Brauchen wir den Beutelsbacher Konsens? Eine Debatte der politischen Bildung. Bonn (Schriftenreihe der Bundeszentrale für politische Bildung, Bd. 1793). Online verfügbar unter https://www.bpb.de/system/files/dokument_pdf/1793_Beutelsbacher_Konsens_ba.pdf, zuletzt geprüft am 14.11.2020.

Wörner-Schappert, Michael (2020): Recht gegen rechts. Gesetze gegen Hass im Netz, in: Baeck, Jean-Philipp/Speit, Andreas (Hg.), Rechte Egoshooter. Von der virtuellen Hetze zum Livestream-Attentat. Bonn (Schriftenreihe der Bundeszentrale für Politische Bildung, Bd. 10555), S. 175–193.

Wrochem, Oliver von (2018): Handeln in institutionellen Gefügen, in: Gomolla, Mechtild/Kollender, Ellen/Menk, Marlene (Hg.), Rassismus und Rechtsextremismus in Deutschland. Figurationen und Interventionen in Gesellschaft und staatlichen Institutionen. Weinheim, S. 212–228.

Wyss, Michel (2020): Israelfeindschaft und Antisemitismus bei Hamas, Al-Qaida und Islamischem Staat, in: Hagen, Nikolaus/Neuburger, Tobias (Hg.), Antisemitismus in der Migrationsgesellschaft. Theoretische Überlegungen, empirische Fallbeispiele, pädagogische Praxis. Innsbruck, S. 65–85. Online verfügbar unter https://www.uibk.ac.at/iup/buch_pdfs/antisemitismus/10.1520399106-015-4-07.pdf, zuletzt geprüft am 16.12.2021.

Zick, Andreas (2021): Herabwürdigungen und Respekt gegenüber Gruppen in der Mitte, in: ders./Küpper, Beate (Hg.), Die geforderte Mitte. Rechtsextreme und demokratiegefährdende Einstellungen in Deutschland 2020/21. Bonn, S. 181–212. Online verfügbar unter https://www.fes.de/index.php?eID=dumpFile&t=f&f=65543&token=be951e80f3f538cca04a67567b9da4b995a93c64, zuletzt geprüft am 16.12.2021.

Zick, Andreas/Berghan, Wilhelm/Mokros, Nico (2019): Gruppenbezogene Menschenfeindlichkeit in Deutschland 2002-2018/19, in: Zick, Andreas/Küpper, Beate/Berghan, Wilhelm (Hg.), Verlorene Mitte – Feindselige Zustände. Rechtsextreme Einstellungen in Deutschland 2018/19. Bonn, S. 53–116. Online verfügbar unter https://colorful-germany.de/wp-content/uploads/2019/04/rassismus_0224.pdf, zuletzt geprüft am 16.12.2021.

Zick, Andreas/Hövermann, Andreas/Jensen, Silke/Bernstein, Julia (2017): Jüdische Perspektiven auf Antisemitismus in Deutschland. Ein Studienbericht für den Expertenrat Antisemitismus. Institut für Konflikt- und Gewaltforschung. Bielefeld. Online verfügbar unter http://beratungsnetzwerk-sachsen-anhalt.de/images/docs/Publikationen/JuPe_Bericht_April2017.pdf, zuletzt geprüft am 26.07.2021.

*Alexander Lorenz-Milord, Marc Schwietring, Alexander Steder*

# Mehr als Wissen für die Praxis

Das Modellprojekt Regishut – Sensibilisierung zu Antisemitismus in der Berliner Polizei[1]

*Der Antisemitismusbeauftragte der Jüdischen Gemeinde zu Berlin: „Wie oft haben wir gehört: ‚Für Antisemitismus ist in Deutschland kein Platz'? Fakt ist aber, dass Antisemitismus geschieht, dass Juden bedroht werden"* (Königsberg 2021).

Im Jahr 2020 hatte die Zahl antisemitisch motivierter Straftaten in der Bundeshauptstadt einen neuen Höchststand erreicht. 352 derartige Fälle wurden von der Polizei Berlin erfasst (2019: 303) (Polizei Berlin 2021a, S. 12). Die Recherche- und Informationsstelle Antisemitismus Berlin (RIAS Berlin), ein Projekt des Vereins für Demokratische Kultur in Berlin (VDK) e. V., dokumentierte im gleichen Zeitraum 1.004 antisemitische Vorfälle (2019: 886). Etwa jeder fünfte wies inhaltliche Bezüge zur COVID-19-Pandemie bzw. zu den staatlichen Maßnahmen ihrer Eindämmung auf (vgl. VDK/RIAS Berlin 2021a, S. 4f., S. 15). Für das erste Halbjahr 2021 wurden von der Polizei 161 Fälle mit antisemitischer Motivation registriert (Abgeordnetenhaus Berlin 2021, S. 2). RIAS Berlin zählte 522 antisemitische Vorfälle, 211 davon im Mai – so viele wie in keinem anderen Monat seit Beginn der systematischen Dokumentation der Meldestelle im Jahr 2015 (vgl. VDK/RIAS Berlin 2021b, S. 4f.).[2] Die Meisten bezogen sich auf die erneute Eskalation im israelisch-palästinensischen Konflikt. Angesichts der von Verbalattacken, Drohungen und Gewalt begleiteten israelfeindlichen Versammlungen konstatierte der Ansprechpartner des Landes Berlin für Antisemitismus, Samuel Salzborn, Ende Mai: „Der Schutz jüdischer Einrichtungen ist das Gebot der Stunde und muss konsequent durchgesetzt werden. Ein Angriff

---

[1]  Der Beitrag ist eine aktualisierte und erweiterte Fassung von Lorenz-Milord/Schwietring/Steder 2021.

[2]  Im ersten Halbjahr 2021 konnte RIAS Berlin keinen Abgleich mit den Daten des Kriminalpolizeilichen Meldedienstes in Fällen politisch motivierter Kriminalität (KPMD-PMK) vornehmen. Die nur vom KPMD-PMK erfassten Fälle machten 2020 fast 24 Prozent der von RIAS Berlin dokumentierten antisemitischen Vorfälle aus (vgl. VDK/RIAS Berlin 2021b, S. 19).

auch auf einzelne Jüdinnen und Juden ist momentan jederzeit möglich" (zitiert nach Haak 2021).

Über die Hälfte der Vorfälle im ersten Halbjahr 2021 standen jedoch in keinen unmittelbar erkennbaren Zusammenhang zur Corona-Pandemie oder zur Eskalation im Nahostkonflikt. Dies zeigt, „wie verbreitet antisemitische Haltungen in allen politischen Spektren vorhanden sind und wie sehr Antisemitismus als gleichsam Grundrauschen im Hintergrund den Alltag der Berliner Jüdinnen*Juden begleitet. [...] Das bedeutet nicht, dass sie täglich antisemitische Anfeindungen erleben, aber es gibt kaum Räume, in denen jüdische Menschen nicht damit rechnen müssen, mit Antisemitismus konfrontiert zu werden" (VDK/RIAS Berlin 2021b, S. 19, 50).

*Expert\*in: „Ja, was wir auch dringend brauchen, ist [...] eine Qualifizierung für Vertreter\*innen staatlicher Stellen [...], damit die verstehen, was eigentlich antisemitische Ausdrucksformen in der Gegenwart bedeuten."*[3]

Ob eine Handlung, bei der der begründete Verdacht einer Straftat vorliegt, als antisemitisch eingestuft wird, hängt in hohem Maße von der Fachkompetenz, der Sensibilität für die Betroffenenperspektive und den Erfahrungen der zuständigen Polizist\*innen ab. Bei einer Anzeige sind sie der erste und mitunter auch der einzige Kontakt für die Geschädigten. Ebenso liegt es in ihrer Verantwortung, Delikte, die als antisemitisch motiviert klassifiziert wurden, dem Polizeilichen Staatsschutz beim Landeskriminalamt zu melden. Als Erstbearbeitende leisten die Polizist\*innen wichtige Vorarbeiten im Rahmen des Ermittlungsverfahrens und vermitteln im Idealfall Betroffene an die richtigen Fach- und Beratungsstellen.

Laut Bericht des zweiten Unabhängigen Expertenkreises Antisemitismus (2017, S. 31–33) muss jedoch davon ausgegangen werden, dass Beamt\*innen antisemitische Delikte, etwa mit Bezug zum Staat Israel, nicht immer als solche erkennen und korrekt einordnen. Zudem haben einschlägige Studien sichtbar gemacht, dass über 75 Prozent der betroffenen Jüdinnen*Juden nach einem Vorfall den Gang zur Polizei mieden (vgl. Zentralrat der Juden in Deutschland

---

[3]   Anonymisierte\*r Expert\*in in einem zwischen Mai 2019 und Juli 2020 geführten Interview zitiert nach Reimer-Gordinskaya/Tzschiesche 2021, S. 100.

2021, S. 55; European Union Agency for Fundamental Rights 2018, S. 9). Die Mehrheit der Befragten gab an, dass eine Strafanzeige folgenlos bleiben und sowieso nichts ändern würde. Delikte, die nicht zur Anzeige gelangen, werden jedoch nicht erfasst und verbleiben im sogenannten Dunkelfeld (vgl. Salzborn 2021, S. 223–225). Hinzu kommt, dass Betroffene, die sich an die Polizei gewandt hatten, von negativen Erfahrungen mit Beamt*innen berichteten. Diese hätten sich für die antisemitische Dimension der Tat nicht interessiert, das Erlebte bagatellisiert, sich unsensibel oder anderweitig unprofessionell verhalten (vgl. Reimer-Gordinskaya/Tzschiesche 2021, S. 29; Poensgen/Kopp 2020, S. 218; Steinke 2020, S. 99–121; Poensgen/Steinitz 2019, S. 14). Die vermehrt bekannt gewordenen Fälle von Rassismus und Rechtsextremismus in den Reihen der Polizei dürften das Vertrauen in die Strafverfolgungsbehörde zusätzlich belasten (vgl. Gießler 2021).

An dieser Stelle setzt das im Juli 2020 vom VDK gegründete Modellprojekt „Regishut – Sensibilisierung zu Antisemitismus in der Berliner Polizei" an.[4] Es hat sich zur Aufgabe gemacht, Angehörige der Landespolizei in speziellen Fortbildungen systematisch zu qualifizieren, damit sie aktuelle Erscheinungsformen von Antisemitismus besser erkennen, Betroffenenperspektiven berücksichtigen und die Sicherheitsbedarfe der jüdischen Gemeinschaft beachten.

Das Projekt ist vor dem Hintergrund der durch die Arbeit von RIAS Berlin sichtbar gewordenen Missständen bei der Verfolgung antisemitischer Straftaten entwickelt worden. Sein Auftrag ergibt sich aus dem 2019 vom Senat beschlossenen Berliner Landeskonzept zur Weiterentwicklung der Antisemitismus-Prävention. In diesem wurde festgehalten, Mitarbeitende der Polizei über „die aktuellen Bedrohungen durch Antisemitismus" zu informieren, sie „für die Situation von Personen und Einrichtungen, die von antisemitischen Übergriffen betroffen oder bedroht sind" zu sensibilisieren und ihnen Wissen zu „unterschiedlichen Anfeindungs- und Diskriminierungsmuster[n] im Bereich Antisemitismus" zu vermitteln (Senatsverwaltung für Justiz 2019, S. 16f.). Grundlage des Landeskonzepts und der Arbeit von Regishut ist die von der deutschen Bundesregierung im September 2017 erweiterte, nicht rechtsverbindliche Arbeitsdefinition von Antisemitismus der Internationalen Allianz für Holocaust-Gedenken (International Holocaust Remembrance Alliance, IHRA). Sie steht im Einklang mit dem Definitionssystem Politisch motivierte Kriminalität und

---

4  Das hebräische Wort „regishut" bedeutet Sensibilisierung, Sensibilität.

wird seit Februar 2018 in der Polizei Berlin als einheitlich verbindliche Antisemitismus-Definition genutzt (vgl. ebd., S. 4, 37).

Regishut orientiert sich an den Grundsätzen der Mobilen Beratung (vgl. Bundesverband Mobile Beratung 2017). Als Schwesterprojekt der Mobilen Beratung gegen Rechtsextremismus Berlin und von RIAS Berlin kann es an deren Expertise in der Analyse- und Beratungstätigkeit zu Antisemitismus sowie an umfassende Erfahrungen in der zielgruppengerechten Vermittlung von Fachwissen und Sensibilisierung anschließen. Hinzu kommt der regelmäßige Austausch mit staatlichen Stellen, insbesondere mit dem Antisemitismusbeauftragten der Polizei Berlin, sowie Nichtregierungsorganisationen.

*Der Antisemitismusbeauftragte der Polizei Berlin: „Ziel muss natürlich sein, dass möglichst viele Kollegen sensibilisiert werden" (zit. nach Geiler 2021)*

Zur Zielgruppe von Regishut gehören Führungskräfte im gehobenen und höheren Dienst, Beamt*innen mit besonderer inhaltlicher Nähe zum Thema Antisemitismus (z. B. Ansprechpersonen für interkulturelle Aufgaben, Polizeilicher Staatsschutz), Tarifbeschäftigte des Zentralen Objektschutzes (ZOS) sowie Studierende des Bachelorstudienganges Gehobener Polizeivollzugsdienst der Hochschule für Wirtschaft und Recht (HWR) Berlin.

Um diese Personengruppen besser kennenzulernen, sich über die vorhandenen Wissensstände zu informieren und Einblicke in deren Arbeit zu bekommen, wählte Regishut einen explorativen Ansatz und führte im vierten Quartal 2020 Hospitationen an 13 Dienststellen (Polizeiakademie, mehrere Abschnitte, Einsatzhundertschaft, Dienststelle Arbeitsgebiet Interkulturelle Aufgaben, Zentralstelle für Prävention, Einsatzleit- und Lagezentrum, Polizeilicher Staatsschutz, Kriminalpolizeilicher Meldedienst, ZOS) durch. In diesem Zusammenhang kamen Gespräche mit etwa 200 Polizeiangehörigen verschiedener Amtsbezeichnungen zustande. Parallel dazu wurden die an der Polizeiakademie verwendeten Materialien zur Aus- und Fortbildung ausgewertet.

Hierbei wurden folgende Auffälligkeiten identifiziert: 1) Der Mehrheit der Befragten fehlte Grundwissen über aktuelle Erscheinungsformen von Antisemitismus. Judenfeindschaft wurde zumeist als politisch rechtes oder pathologisches Phänomen wahrgenommen; israelbezogener Antisemitismus war größtenteils unbekannt. Die erweiterte IHRA-Definition schien sowohl in der Ausbildung zum mittleren Dienst als auch in der Polizeiarbeit nur eine geringe Rolle zu spielen; 2) Betroffenenperspektiven wurden selten beachtet und, darauf angesprochen, ihre Berücksichtigung als ein allgemeiner Wunsch nach mehr Empathie verstanden. Bezüglich der permanenten Gefahrenlage, der sich Jüdinnen*Juden und jüdische Einrichtungen ausgesetzt sehen, ließen mehrere Befragte erhebliche Unkenntnis erkennen; 3) Jüdinnen*Juden wurden vorrangig als Opfer der nationalsozialistischen Gewaltherrschaft und/oder als bloße Religionsgruppe wahrgenommen. Über die heutige Diversität jüdischen Lebens in Berlin bestand insgesamt nur geringes Wissen; 4) Positiv hervorzuheben sind die hohe Bereitschaft zur Weiterbildung und der teilweise explizit geäußerte Wunsch, sich mit Vertreter*innen der jüdischen Communities auszutauschen. Der Großteil der befragten Beamt*innen und Tarifbeschäftigten bemängelte, dass die strukturellen Probleme der Polizei Berlin (z. B. Personalmangel) und die Belastungen im Dienstalltag (z. B. Mehrarbeit) jedoch kaum Zeit für einschlägige Fortbildungen ließen.

Zusätzlich wurden bis Anfang 2021 auch Lehrbeauftragte am Fachbereich Polizei und Sicherheitsmanagement der HWR Berlin schriftlich befragt und das Curriculum des Studienganges Gehobener Polizeivollzugsdienst näher untersucht. Hinsichtlich der praxisorientierten Vermittlung von Wissen zum Themenfeld Antisemitismus ist der Fachbereich vergleichsweise gut aufgestellt (vgl. Schubert i.d.B.).

Die hier knapp präsentierten Erkenntnisse halfen Regishut, spezielle Bildungsmodule zu erstellen und sie an der Praxis der Polizeiarbeit auszurichten. Seit dem Frühjahr 2021 werden entsprechende (Online-)Seminare für Polizei- bzw. Kriminalkommissar-Anwärter*innen an der HWR angeboten, seit Herbst 2021 zweitägige Fortbildungen für Beamt*innen an der Polizeiakademie durchgeführt. In ihnen wird Fachwissen vermittelt und die Sichtweisen der Betroffenen in den Mittelpunkt gestellt. Mit Hilfe von Fallbeispielen werden interaktiv optimale polizeiliche Vorgehensweisen besprochen.

*Polizeipräsidentin in Berlin: „Die Bekämpfung von Antisemitismus bleibt daher eine zentrale Aufgabe"* (zit. nach Polizei Berlin 2021b)

Eingebettet in das Landeskonzept zur Weiterentwicklung der Antisemitismus-Prävention hat die Polizei Berlin einen vielversprechenden Weg eingeschlagen. Mit ihren bisherigen Maßnahmen hat die Behördenführung deutlich gemacht, dass sie die Probleme bezüglich der Prävention und Repression antisemitischer Vorurteilskriminalität erkannt hat und angeht. Der im Juni 2021 von der Antisemitismusbeauftragten der Generalstaatsanwaltschaft (GStA) Berlin und dem Antisemitismusbeauftragten der Polizei Berlin präsentierte Leitfaden zur Verfolgung antisemitischer Straftaten in Berlin, an dessen Entstehung Regishut und RIAS Berlin beteiligt waren, ist dafür ein gutes Beispiel (vgl. Polizei Berlin/GStA Berlin 2021). Aktuelle Erscheinungsformen von Judenfeindschaft erkennen, antisemitisch motivierte Straftaten erfassen und verfolgen sowie betroffene Personen/Einrichtungen schützen sind Daueraufgaben. Regishut unterstützt die Polizei bei diesen Herausforderungen. Inzwischen ist das VDK-Projekt fester Bestandteil des sogenannten Berliner Modells der Antisemitismusbekämpfung, das sich durch eine „enge Verzahnung von staatlicher und zivilgesellschaftlicher Arbeit gegen Antisemitismus" auszeichnet (Salzborn 2021, S. 223). Mit seiner betroffenenzentrierten Ausrichtung, seiner evidenzbasierten Arbeit und seinen zielgruppenorientierten Bildungsangeboten verfolgt Regishut einen bisher einzigartigen Ansatz im Bereich Fortbildung von Polizeiangehörigen und erbringt wichtige Pionierleistungen für nachfolgende zivilgesellschaftliche Angebote.

Kontakt:
Regishut – Sensibilisierung zu Antisemitismus in der Berliner Polizei
c/o Verein für Demokratische Kultur in Berlin (VDK) e. V.
Gleimstraße 31 / 10437 Berlin
Tel: 030 / 817 985 824
E-Mail: regishut@vdk-berlin.de

## Quellen- und Literaturverzeichnis:

Abgeordnetenhaus Berlin, 18. Wahlperiode (2021): Drucksache 18/28402, Schriftliche Anfrage der Abgeordneten Dr. Susanne Kitschun (SPD), Cornelia Seibeld (CDU), Anne Helm (LINKE), Benedikt Lux (GRÜNE) und Stefan Förster (FDP) vom 19. August 2021 zum Thema: Antisemitische Vorfälle, Straftaten und Straftaten mit antisemitischen Bezügen in Berlin im 1. Halbjahr 2021 und Antwort vom 01. September 2021. Online: https://pardok.parlament-berlin.de/starweb/adis/citat/VT/18/SchrAnfr/S18-28402.pdf (letzter Zugriff: 01.12.2021).

Bundesverband Mobile Beratung e. V. (2017): Mobile Beratung gegen Rechtsextremismus – Inhaltliche und methodische Grundsätze, Dresden. Online: https://www.bundesverband-mobile-beratung.de/wp-content/uploads/2018/03/bmb_grundsaetze_DinA5_web.pdf (letzter Zugriff: 28.05.2021).

European Union Agency for Fundamental Rights (2018): Erfahrungen und Wahrnehmungen im Zusammenhang mit Antisemitismus. Zweite Erhebung zu Diskriminierung und Hasskriminalität gegenüber Jüdinnen und Juden in der EU. Zusammenfassung, Wien. Online: https://fra.europa.eu/sites/default/files/fra_uploads/fra-2018-experiences-and-perceptions-of-antisemitism-survey-summary_de.pdf (letzter Zugriff: 28.05.2021).

Geiler, Julius (2021): „Wir haben den Judenhass zur Gänze unterschätzt", in: *Der Tagesspiegel* vom 22. Mai 2021.

Gießler, Denis (2021): Verdachtsfälle Rassismus bei Polizei: Parolen, Runen, Chatgruppen, in: Feltes, Thomas/Plank, Holger (Hg.), Rassismus, Rechtsextremismus, Polizeigewalt. Beiträge für und über eine rechtschaffen(d)e, demokratische Bürgerpolizei (Polizieren. Polizei, Wissenschaft und Gesellschaft, Bd. 14), Frankfurt am Main, S. 39–43.

Haak, Julia (2021): Samuel Salzborn: „Ein Angriff auf Jüdinnen und Juden ist jederzeit möglich", in: *Berliner Zeitung* vom 25. Mai 2021. Online: https://www.berliner-zeitung.de/politik-gesellschaft/samuel-salzborn-ein-angriff-auf-juedinnen-und-juden-ist-jederzeit-moeglich-li.160546 (letzter Zugriff: 28.05.2021).

Königsberg, Sigmount (2021): Für Antisemitismus ist in Deutschland kein Platz? Wirklich nicht?, in: *Jüdische Allgemeine* vom 30.11.2021. Online https://www.juedische-allgemeine.de/meinung/es-gibt-noch-platz-nach-oben/?q=Sigmount%20K%C3%B6nigsberg (letzter Zugriff: 01.12.2021).

Lorenz-Milord, Alexander/Schwietring, Marc/Steder, Alexander (2021): Antisemitismus als Dauerherausforderung für die Polizei. Das Modellprojekt Regishut – Sensibilisierung zu Antisemitismus in der Berliner Polizei, in: Arzt, Clemens/Hirschmann, Nathalie/Hunold, Daniela/Lüders, Sven/Meißelbach, Christoph/Schöne, Marschel/Sticher, Birgitta (Hg.), Perspektiven der Polizeiforschung. 1. Nachwuchstagung Empirische Polizeiforschung, 4./5. März 2021, Berlin, S. 451–458. Online unter: https://www.foeps-berlin.org/fileadmin/institut-foeps/Dokumente/2021/Tagungsband_NEPF2021-final.pdf (letzter Zugriff: 22.12.2021).

Poensgen, Daniel/Kopp, Julia (2020): Alltagsprägende Dynamiken: antisemitische Vorfälle in Deutschland, in: Wissen schafft Demokratie. Schriftenreihe des Instituts für Demokratie und Zivilgesellschaft, Bd. 8, S. 216–227. Online: https://www.idz-jena.de/pubdet/wsd8-19 (letzter Zugriff: 20.12.2021).

Poensgen, Daniel/Steinitz, Benjamin (2019): Alltagsprägende Erfahrung, in: Salzborn, Samuel (Hg.), Antisemitismus seit 9/11. Ereignisse, Debatten, Kontroversen (Interdisziplinäre Antisemitismusforschung, Bd. 11), Baden-Baden, S. 13–28.

Polizei Berlin (2021a): Lagedarstellung Politisch motivierte Kriminalität in Berlin 2020. Stand der Fallzahlen: 17. Februar 2021. Online: https://www.berlin.de/polizei/_assets/verschiedenes/jahresbericht_pmk_-2020.pdf (letzter Zugriff: 14.10.2021).

Polizei Berlin (2021b): Hand in Hand gegen Antisemitismus, Polizeimeldung vom 29.06.2021, Gemeinsame Meldung Polizei und Staatsanwaltschaft Berlin Nr. 1410. Online: https://www.berlin.de/polizei/polizeimeldungen/2021/pressemitteilung.1100888.php (letzter Zugriff: 30.06.2021).

Polizei Berlin/Generalstaatsanwaltschaft Berlin (2021): Leitfaden zur Verfolgung antisemitischer Straftaten in Berlin. Online: https://www.berlin.de/generalstaatsanwaltschaft/_assets/ueber-uns/beauftragte/antisemitismus/leitfaden_zur_verfolgung_antisemitischer_straftaten_in_berlin.pdf (letzter Zugriff: 14.10.2021).

Reimer-Gordinskaya, Katrin/Tzschiesche, Selana (2021): Antisemitismus – Heterogenität – Allianzen. Jüdische Perspektiven auf Herausforderungen der Berliner Zivilgesellschaft, Springe.

Salzborn, Samuel (2021): Antisemitismus zwischen Tat und Straftat. Zur Dunkelfelderhellung am Beispiel des Berliner Modells der Antisemitismusbekämpfung, in: *Recht und Politik* 57 (2), S. 221–227.

Senatsverwaltung für Justiz, Verbraucherschutz und Antidiskriminierung (2019): Berlin gegen jeden Antisemitismus! Berliner Landeskonzept zur Weiterentwicklung der Antisemitismus-Prävention, Berlin. Online: https://www.berlin.de/sen/justva/presse/pressemitteilungen/2019/konzept-zur-weiterentwicklung-der-antisemitismuspraevention.pdf (letzter Zugriff: 24.05.2022).

Steinke, Ronen (2020): Terror gegen Juden. Wie antisemitische Gewalt erstarkt und der Staat versagt. Eine Anklage, Berlin.

Unabhängiger Expertenkreises Antisemitismus (2017): Antisemitismus in Deutschland – aktuelle Entwicklungen. Hg. vom Bundesministerium des Innern, Berlin. Online: https://www.bmi.bund.de/SharedDocs/downloads/DE/publikationen/themen/heimat-integration/expertenkreis-antisemitismus/expertenbericht-antisemitismus-in-deutschland.pdf?__blob=publicationFile&v=7 (letzter Zugriff: 28.05.2021).

Verein für Demokratische Kultur in Berlin e. V./Recherche- und Informationsstelle Antisemitismus Berlin (2021a): Antisemitische Vorfälle in Berlin 2020. Ein Bericht der Recherche- und Informationsstelle Antisemitismus Berlin, Berlin. Online: https://report-antisemitism.de/documents/Antisemitische-Vorfaelle-2020_Jahresbericht_RIAS-Berlin.pdf (letzter Zugriff: 28.05.2021).

Verein für Demokratische Kultur in Berlin e. V./Recherche- und Informationsstelle Antisemitismus Berlin (2021b): „STOP DOING WHAT HITLER DID TO YOU". Die Eskalation im israelisch-palästinensischen Konflikt als Gelegenheitsstruktur für antisemitische Vorfälle in Berlin zwischen 9. Mai und 8. Juni 2021. Eine Auswertung der Recherche- und Informationsstelle Antisemitismus Berlin, Berlin. Online: https://www.report-antisemitism.de/documents/RIAS_Berlin_-_Monitoring_-_Stop_doing_what_Hitler_did_to_you.pdf (letzter Zugriff: 24.11.2021).

Zentralrat der Juden in Deutschland (Hg.) (2021): Schalom Aleikum Report. Was Deutschland über den jüdisch-muslimischen Dialog denkt (Schalom Aleikum Buchreihe, Band V), Leipzig.

# Auswahlbibliographie Politische Bildung und Polizei[1]

Zusammengestellt von Felicia Bayer, Christoph Kopke und Kai E. Schubert

## Polizei & Politische Bildung

Abou Taam, Marwan (2019): Herausforderungen für die Polizeiarbeit in einer pluralistischen Gesellschaft, in: Kugelmann (2019), S. 397–413.

Agentur der Europäischen Union für Grundrechte (2010): Für eine effektive Polizeiarbeit – Diskriminierendes Ethnic Profiling erkennen und vermeiden. Ein Handbuch. Luxemburg. URL: https://fra.europa.eu/sites/default/files/fra_uploads/1133-Guide-ethnic-profiling_DE.pdf.

Ahlheim, Klaus (1997): Die Konzeption eines Fortbildungsseminars für die politische Bildung der Polizei in der Bundesrepublik Deutschland, in: Polizei-Führungsakademie (Hg.), Aus- und Fortbildung der Polizei. Konzepte zur Bekämpfung von Rassismus und Fremdenfeindlichkeit. Schlussbericht über das Seminar vom 28.–30.04.1997 an der Polizei-Führungsakademie, Münster. S. 35–46.

Ahlheim, Klaus/Heger, Bardo (1996): „Fremdenfeindlichkeit und Polizei" als Thema politischer Bildung in der Aus- und Fortbildung der Polizei. Schriftenreihe der Polizei-Führungsakademie, Bd. 1/2, S. 167–197.

Barthel, Christian/Heidemann, Dirk (2017): Führung in der Polizei. Baustein für ein soziologisch informiertes Führungsverständnis, Wiesbaden.

Behr, Rafael (2020): Dominanzkultur und Gewalt. Das strukturelle Problem der Polizei, in: *Blätter für deutsche und internationale Politik* 65 (10), S. 13–16.

Behr, Rafael (2019): Menschenrechtsgewährleistung und interkulturelle Kompetenz in der Polizeiarbeit, in: Kugelmann (2019), S. 383–396.

Behr, Rafael/Ohlemacher, Thomas/Frevel, Bernhard/Kirchhoff, Steffen (2013): Braucht Polizei Bildung? Braucht sie Theorie? Braucht sie Forschung?, in: *Die Polizei* 104 (7), S. 181–212.

Brimer, Jörg (2021): Politische Zusammenhänge verstehen. Für Ausbildung und Praxis bei der Polizei, Stuttgart.

Brusten, Manfred (1985): Eine „politisch neutrale" Polizei? Ergebnisse einer empirischen Untersuchung zum politischen Bewußtsein von Polizeibeamten, in: *Kriminologisches Journal* 17 (3), S. 203–219.

Cremer, Hendrik (2020): Politische Bildung in der Polizei. Zum Umgang mit rassistischen und rechtsextremen Positionen von Parteien, Berlin, URL: https://www.ins-

---

[1] Die Auswahlbibliographie enthält vereinzelt auch Titel, die sich mit polizeilicher Ausbildung, Studium und Polizeikultur und anderen Themen befassen, aber für politische Bildung und Polizei relevant sein können. Alle Webverweise wurden zuletzt am 17.03.2022 geprüft.

titut-fuer-menschenrechte.de/fileadmin/Redaktion/Publikationen/Analyse_Studie/ Analyse_Politische_Bildung_Polizei.pdf.

Cremer, Hendrik (2019): Das Neutralitätsgebot in der Bildung. Neutral gegenüber rassistischen und rechtsextremen Positionen von Parteien, Berlin, URL: https://www. institut-fuer-menschenrechte.de/fileadmin/user_upload/Publikationen/ANALYSE/ Analyse_Das_Neutralitaetsgebot_in_der_Bildung.pdf.

Dams, Carsten (2008): Polizei in Deutschland 1945–1989, in: *Aus Politik und Zeitgeschichte* 58 (48), S. 9–14, URL: https://www.bpb.de/apuz/30822/die-polizei-in-deutschland-1945-1989.

Dams, Carsten (2006): Politikfeldanalyse Innere Sicherheit, in: Frevel, Bernhard/Asmus, Hans J./Dams, Carsten/Liebl, Karlhans/Groß, Hermann/Sensburg, Patrick E. (Hg.), Politikwissenschaft. Studienbuch für die Polizei, Hilden/Rhld., S. 102–144.

Dübbers, Carsten (2017): Kultur der Polizei – The Next Generation, in: Stierle, Jürgen/ Wehe, Dieter/Siller, Helmut (Hg.), Handbuch Polizeimanagement. Polizeipolitik – Polizeiwissenschaft – Polizeipraxis, Wiesbaden, S. 419–447.

Fabritius, Georg (2008): Politik in der modernen Gesellschaft: Studienbuch für Polizeihochschulen, Stuttgart u. a.

Frevel, Bernhard (2019): Politische Bildung und Polizei – Ein Werkstattbericht zum gleichnamigen Forschungs- und Entwicklungsprojekt, in: ders./Schmidt Peter (Hg.), Empirische Polizeiforschung XXII. Demokratie und Menschenrechte – Herausforderungen für und an die polizeiliche Bildungsarbeit, Frankfurt am Main

Frevel, Bernhard (Hg.) (2018): Politische Bildung und Polizei, Schwerpunktheft der Zeitschrift *Polizei. Wissen. Themen polizeilicher Bildung* 2 (1).

Frevel, Bernhard/Kuschewski, Philipp (2017): Polizei, Politik und Bildung, in: Frevel, Bernhard/Asmus, Hans-Joachim/Behr, Rafael/Groß, Hermann/Schmidt, Peter (Hg.), Facetten der Polizei- und Kriminalitätsforschung. Festschrift für Karlhans Liebl, Frankfurt am Main, S. 159–193.

Frevel, Bernhard/Sturm, Michael (2015): Polizei als Zielgruppe politischer Bildung, in: Langebach/Habisch (2015), S. 131–144.

Frevel, Bernhard/Einert, Ivo (2020): Entwicklung von Menschenrechtsbewusstsein im Kontext der polizeilichen Aus- und Fortbildung, Frankfurt am Main

Frevel, Bernhard/Schmidt, Peter (2019): Demokratie und Menschenrechte. Herausforderungen für und an die Bildungsarbeit. XXII. Tagung des Arbeitskreises Empirische Polizeiforschung, Frankfurt am Main.

Grohmann, Helmut (1997): Die Konzeption der deutschen Polizei zum besseren Umgang mit Minderheiten. Der Bericht des UAFEK, in: Polizei-Führungsakademie Münster (Hg.), Aus- und Fortbildung der Polizei. Konzepte zur Bekämpfung von Rassismus und Fremdenfeindlichkeit. Schlußbericht über das Seminar vom 28.- 30. April 1997 an der Polizei-Führungsakademie, Münster, S. 99–121.

Groß, Hermann/Schmidt, Peter (Hg.) (2011): Empirische Polizeiforschung XIII: Polizei: Job, Beruf oder Profession?, Frankfurt am Main.

Holzner, Johann P./Enkling, Gerd/Esterer, Rainer (2017): Polizeiliche Fortbildung erfolgreich managen – Bildungsmanagement der Bayerischen Polizei, in: Stierle, Jürgen/ Wehe, Dieter/Siller, Helmut (Hg.), Polizeimanagement. Polizeipolitik – Polizeiwissenschaft – Polizeipraxis, Wiesbaden, S. 895–916.

Hücker, Fritz (2005): Soziale Handlungskompetenz für den Polizeiberuf, in: *Deutsches Polizeiblatt – Fachzeitschrift für die Aus- und Fortbildung in Bund und Ländern* (1), S. 2–6.

Jaschke, Hans-Gerd (2021): Zum Beitrag der politischen Bildung zu einer demokratischen Polizeikultur, in: Polizeiakademie Niedersachsen (Hg.), Forschung, Bildung, Praxis im gesellschaftlichen Diskurs. Frankfurt am Main.

Kirchhof, Stefen (2007): Informelles Lernen und Kompetenzentwicklung – Neue Impulse für die Ausbildungs- und Hochschuldidaktik der Polizeibildung, in: Brenneisen, Hartmut/Kischewski, Susanne/Raschke, Siegfried (Hg.), Studium und Lehre. Festschrift zur Einführung von Bachelorstudiengängen im Fachbereich Polizei der FHVD Schleswig-Holstein, Hamburg, S. 272–297.

Kleinknecht, Thomas (1997): Polizeiliche Bildungsarbeit. Vom Fachunterricht zur sozialen Kompetenz. Das Beispiel der Landespolizeischulen in Münster seit 1945 bis zur Gegenwart, Münster.

Köhler, Thomas/Kaiser, Wolf/Gryglewski, Elke (2012): „Nicht durch formale Schranken gehemmt". Die deutsche Polizei im Nationalsozialismus; Materialien für Unterricht und außerschulische politische Bildung, Bonn: Bundeszentrale für Politische Bildung.

Kugelmann, Dieter (Hg.) (2019): Polizei und Menschenrechte, Bonn.

Kuschewski, Philipp (2020): Politische Bildung in der polizeilichen Ausbildung: „Labern" + „Labeln" = „Politisch bilden"?, in: *Polizei. Wissen. Themen polizeilicher Bildung* (1), S. 30–35.

Kuschewski, Philipp (2019): Politische Bildung in der Polizei im Spiegel aktueller „Megatrends", in: Lange, Hans-Jürgen/Model, Thomas/Wendekamm, Michaela (Hg.), Zukunft der Polizei. Trends und Strategien. Wiesbaden, S. 209–238.

Kuschewski, Philipp (2018): Politische Bildung aus der Sicht polizeilicher Zielgruppen. Ein „Working Paper" zum bundesdeutschen Kooperationsprojekt „Politische Bildung und Polizei", in: *SIAK-Journal – Zeitschrift für Polizeiwissenschaft und polizeiliche Praxis* (4), S. 20–34, URL: https://www.bmi.gv.at/104/Wissenschaft_und_Forschung/ SIAK-Journal/SIAK-Journal-Ausgaben/Jahrgang_2018/files/Kuschewski_4_2018.pdf.

Langebach, Martin/Habisch, Cornelia (Hg.) (2015): Zäsur? Politische Bildung nach dem NSU, Bonn.

Lehmann, Lena (2013): Ausbildung der Ausbilder. Die Vorbereitung der deutschen Polizei auf Auslandseinsätze am Beispiel der Afghanistan-Mission, Frankfurt am Main.

Leßmann-Faust, Peter (Hg.) (2008): Polizei und Politische Bildung, Wiesbaden.

Lüter, Albrecht (2019): Professioneller Umgang mit Opfern von Straftaten als polizeiliche Kernkompetenz. Zur Evaluation neuer Ausbildungsmodule an der Berliner Polizeiakademie, Heft 4. Hg. v. Landeskommission Berlin gegen Gewalt, URL: https://www. berlin.de/lb/lkbgg/_assets/bfg_67_heft4.pdf.

Neuhoff, Ulrike (2008): Akademische Freiheiten im Korsett eines verschulten Studienbetriebs – Das Studium für Polizeivollzugsbeamte an der Fachhochschule für öffentliche Verwaltung Nordrhein-Westfalen, in: Leßmann-Faust (2008), S. 179–205.

Reimann, Horst (1986): Die Polizei-Führungsakademie zwischen Tradition und Fortschritt, Hilden.

Schicht, Günther (2007): Menschenrechtsbildung für die Polizei. Berlin, URL: https://www.institut-fuer-menschenrechte.de/fileadmin/_migrated/tx_commerce/studie_menschenrechtsbildung_fuer_die_polizei.pdf.

Schulte, Wolfgang (2012): Plädoyer für ein ganzheitliches Konzept politischer Bildung in der Polizei. Historische Genese von 1945 bis heute und aktuelle Problemstellungen, in: Möllers, Martin H. W./van Ooyen, Robert C. (Hg.), Polizeiwissenschaft. Band 3: Polizeihochschul-(Aus-)Bildung, Frankfurt am Main, S. 127–151.

Schulte, Wolfgang (2006): „Und grau ist alle Theorie…" Über die nicht immer ganz spannungsfreie Rezeption von (sozial-)wissenschaftlichen Denkweisen in der Polizei, in: Christe Zeyse, Jochen (Hg.), Die Polizei zwischen Stabilität und Veränderung. Ansichten einer Organisation, Frankfurt am Main, S. 275–312.

Schulte, Wolfgang (2003): Politische Bildung in der Polizei. Funktionsbestimmung von 1945 bis zum Jahr 2000, Duisburg-Essen, URL: https://duepublico2.uni-due.de/servlets/MCRFileNodeServlet/duepublico_derivate_00011668/Diss.pdf.

Sterbling, Anton (2006): Polizeistudium im Umbruch. Ausgangspunkte, Anliegen und Zukunftsfragen, Konstanz.

Stiebitz, Fritz (1960): Zwölf Jahre Politische Bildung im Polizeischulwesen, in: *Gesellschaft, Staat, Erziehung. Blätter für politische Bildung und Erziehung* 5, S. 239–240.

Waver, Christoph (2020): Politisches Grundwissen für Ausbildung und Studium in der Polizei: Staat – Verfassung – Internationale Organisationen, Stuttgart u. a.

## Polizei & (Rechts-)Extremismus

Cremer, Hendrik (2022): Rassistische und rechtsextreme Positionierungen im Dienste des Staates? Warum ein Eintreten für die AfD mit der verfassungsrechtlichen Treuepflicht nicht vereinbar ist. Berlin. URL: https://www.institut-fuer-menschenrechte.de/fileadmin/Redaktion/Publikationen/Analyse_Studie/Analyse_Rassistische_und_rechtsextreme_Positionierungen_im_Dienste_des_Staates.pdf.

Dierbach, Stefan (2016): Befunde und aktuelle Kontroversen im Problembereich der Kriminalität und Gewalt von rechts, in: Virchow, Fabian/Langebach, Martin/Häusler, Alexander (Hg.), Handbuch Rechtsextremismus. Wiesbaden, S. 471–510.

Feldmann, Dorina/Kohlstruck, Michael/Laube, Max/Schultz, Gebhard/Tausendteufel, Helmut (2018): Klassifikation politisch rechter Tötungsdelikte – Berlin 1990 bis 2008. Berlin, URL: https://depositonce.tu-berlin.de/bitstream/11303/7111/3/Klassifikation_politsch_rechter_Toetungsdelikte.pdf.

Forum für Kritische Rechtsextremismusforschung (Hg.) (2011): Ordnung, Macht, Extremismus. Effekte und Alternativen des Extremismusmodells. Wiesbaden.

Goertz, Stefan (2019): Terrorismusabwehr. Zur aktuellen Bedrohung durch den islamistischen Terrorismus in Deutschland und Europa. Wiesbaden.

Heinke, Lutz (2015): Die dauerhafte Auseinandersetzung mit Rechtsextremismus – eine Herausforderung an die Erwachsenenbildung, in: Langebach/Habisch (2015), S. 115-123.

Heinrich, Gudrun (2015): Politische Bildung unbeeindruckt? Der NSU als Herausforderung für die formale politische Bildung, in: Langebach/Habisch (2015), S. 65-74.

Höfel, Katharina/Schmidt, Jens (2018): Möglichkeiten zur Prävention und Intervention gegen rechte Orientierungen im Kontext von Bildung und Erziehung, in: Gomolla, Mechthild/Kollender, Ellen/Menk, Marlene (Hg.), Rassismus und Rechtsextremismus in Deutschland. Figurationen und Interventionen in Gesellschaft und staatlichen Institutionen. Basel, S. 196-211.

Johansson, Susanne (2012): Rechtsextremismusprävention und Demokratieförderung in den Feldern der Pädagogik, der Beratung und Vernetzung: Eine kurze Begriffseinordnung und -abgrenzung. URL: https://www.vielfalt-mediathek.de/wp-content/uploads/2020/12/susanne_johannson_reprvention_demokratiefrderung.pdf.

Kandt, Klaus (2007): Polizeiliche Maßnahmen gegen den Rechtsextremismus in Brandenburg. Erfahrungen aus der Praxis, in: Schoeps, Julius H./Botsch, Gideon/Kopke, Christoph/Rensmann, Lars (Hg.), Rechtsextremismus in Brandenburg. Handbuch für Analyse, Prävention und Intervention. Berlin, S. 230-236.

Kempen, Aiko (2021): Polizisten auf Coronademonstrationen. Von selbsternannten Widerstandskämpfern und vermeintlichen „Merkel-Schergen", in: Kleffner, Heike/Meisner, Matthias (Hg.), Fehlender Mindestabstand. Die Coronakrise und die Netzwerke der Demokratiefeinde. Freiburg, S. 228-232.

Kopke, Christoph (2021): Vorkommnisse, Vorfälle, Einzelfälle? Rechtsextremismus und rechte Einstellungen in der Polizei, in: *Politikum* 7 (4), S. 34-37.

Kopke, Christoph (2020) (Hg.): Nach dem NSU. Ergebnisse und Konsequenzen für die Polizei, Frankfurt am Main.

Kopke, Christoph (2019): Polizei und Rechtsextremismus, in: *Aus Politik und Zeitgeschichte* 69 (21-23), S. 36-42, URL: https://www.bpb.de/shop/zeitschriften/apuz/291189/polizei-und-rechtsextremismus/.

Kopke, Christoph (2016): Polizei und militanter Neonazismus in Brandenburg, in: Kleffner, Heike/Spangenberg, Anna (Hg.), Generation Hoyerswerda. Das Netzwerk militanter Neonazis in Brandenburg. Berlin, S. 170-180.

Kopke, Christoph/Schultz, Gebhard (2015): Forschungsprojekt „Überprüfung umstrittener Altfälle Todesopfer rechtsextremer und rassistischer Gewalt im Land Brandenburg seit 1990". Abschlussbericht. Potsdam.

Laabs, Dirk (2021): Staatsfeinde in Uniform. Wie militante Rechte unsere Institutionen unterwandern. Berlin.

Meiering, David/Foroutan, Naika (2020): Brückennarrative: Ein Vorschlag für die Radikalisierungsprävention, in: Meinhardt, Anne-Kathrin/Redlich, Birgit (Hg.), Linke Militanz. Pädagogische Arbeit in Theorie und Praxis, Frankfurt am Main, S. 127–137. URL: http://www.linke-militanz.de/data/akten/2020/03/Meinhardt_Redlich_Linke-Militanz-P%C3%A4dagogische-Arbeit-in-Theorie-und-Praxis.pdf.

Meisner, Matthias/Kleffner, Heike (Hg.) (2019): Extreme Sicherheit. Rechtsradikale in Polizei, Verfassungsschutz, Bundeswehr und Justiz. Freiburg.

Möllers, Martin H. W./van Ooyen, Robert Chr. ($^2$2018): NSU-Terrorismus. Ergebnisse der parlamentarischen Untersuchungsausschüsse und Empfehlungen für die Sicherheitsbehörden. Frankfurt am Main.

Quent, Matthias/Rathje, Jan (2019): Von den Turner Diaries über Breivik bis zum NSU: Antisemitismus und rechter Terrorismus, in: Salzborn, Samuel (Hg.), Antisemitismus nach 9/11. Ereignisse, Debatten, Kontroversen, Baden-Baden, S. 163–178.

Rieker, Peter (2009): Rechtsextremismus: Prävention und Intervention. Ein Überblick über Ansätze, Befunde und Entwicklungsbedarf, Weinheim.

Salzborn, Samuel/Quent, Matthias (2019): Warum wird rechtsextremer Terror immer wieder unterschätzt? Empirische und theoretische Defizite statischer Perspektiven, in: *Wissen schafft Demokratie* (6), S. 18–26, URL: https://www.idz-jena.de/pubdet/wsd6-3.

Sauerborn, Dirk (2014): Zwischen Harmonie und Konsequenz. Der Kontaktbeamte der Polizei zu muslimischen Institutionen, in: El-Gayar, Wael/Strunk, Katrin (Hg.), Integration versus Salafismus. Identitätsfindung muslimischer Jugendlicher in Deutschland. Analysen – Methoden der Prävention – Praxisbeispiele. Schwalbach/Ts, S. 170–179.

Schulte, Wolfgang (2003): Das Thema Rechtsextremismus in der Aus- und Fortbildung der Polizei, in: Ahlheim, Klaus (Hg.), Intervenieren, nicht resignieren. Rechtsextremismus als Herausforderung für Bildung und Erziehung, Schwalbach/Ts., S. 209–216.

Sturm, Michael (2019): Nichts gelernt? Die Polizei und der NSU-Komplex, in: Dürr, Tina/Becker, Reiner (Hg.), Leerstelle Rassismus? Analysen und Handlungsmöglichkeiten nach dem NSU, Frankfurt am Main, S. 110–123.

Theune, Lukas/Nedelmann, Franziska (2020): Rechte Anschläge in Berlin-Neukölln. Alte Nazistrukturen und zweifelhafte Ermittlungen, in: *Bürgerrechte & Polizei/CILIP* (4), S. 49–56.

Thomas, Paul (2017): Im Wandel begriffen und doch umstritten: „Prevent", die Anti-Terrorismus-Strategie Großbritanniens, in: Kärgel, Jana (Hg.), „Sie haben keinen Plan B". Radikalisierung, Ausreise, Rückkehr – zwischen Prävention und Intervention. Bonn, S. 142–154.

Wangler, Nico (2019): Die Aporie der politischen Bildung in Bezug auf Populismus und Extremismusprävention, in: Boehnke, Lukas/Thran, Malte/Wunderwald, Jacob (Hg.), Rechtspopulismus im Fokus. Theoretische und praktische Herausforderungen für die politische Bildung, Wiesbaden, S. 199–213.

Wisser, Laura (2021): Rechtsextremismus in der Polizei ... und rechtliche Umgangsmöglichkeiten, in: Arzt, Clemens/Hirschmann, Nathalie/Hunold, Daniela/Lüders, Sven/Meißelbach, Christoph/Schöne, Marschel/Birgitta Sticher (Hg.), Perspektiven der Polizeiforschung. 1. Nachwuchstagung Empirische Polizeiforschung. Berlin, S. 77–89, URL: https://opus4.kobv.de/opus4-hwr/files/3370/Tagungsband_NEPF2021-final.pdf.

## Polizei & Gender

Behr, Rafael (2017): Maskulinität in der Polizei: Was Cop Culture mit Männlichkeit zu tun hat. Ein Essay. In: *juridikum* (4), S. 541–551.

Behr, Rafael (2000): Cop Culture. Der Alltag des Gewaltmonopols. Männlichkeiten, Handlungsmuster und Kultur in der Polizei, Opladen.

Elsuni, Sarah (2019): Was hat Geschlecht mit Polizeiarbeit zu tun? Ein Blick auf Rechte von Frauen im Kontext polizeilicher Tätigkeiten, in: Kugelmann, Dieter (Hg.), Polizei und Menschenrechte, Bonn, S. 154–170.

Franzke, Bettina (1997): Was Polizisten über Polizistinnen denken. Ein Beitrag zur geschlechtsspezifischen Polizeiforschung, Bielefeld.

Gebert, Diether (2004): Durch Diversity zu mehr Teaminnovativität?, in: *Die Betriebswirtschaft* 64 (4), S. 412–430.

Haller, Sylvia (2020): Schutz von Frauen vor Gewalt. Die Polizei, eine Institution des patriarchalen Staates, als Mittel gegen patriarchale Gewalt?, in: *Bürgerrechte & Polizei/CILIP* (3), S. 28–35, URL: https://www.cilip.de/2020/10/28/schutz-von-frauen-vor-gewalt-die-polizei-eine-institution-des-patriarchalen-staates-als-mittel-gegen-patriarchale-gewalt.

Künkel, Jenny/Piening, Marie-Theres (2020): Community Accountability: feministisch-antirassistische Alternative zum strafenden Staat?, in: *Bürgerrechte & Polizei/CILIP* (3), S. 36–44, URL: https://www.cilip.de/2020/12/03/community-accountability-feministisch-antirassistische-alternative-zum-strafenden-staat/.

Müller-Franke, Waltraud (1996): Frauen in der Polizei – Maskottchen oder Partnerinnen?, in: *Neue Kriminalpolitik* 8 (4), S. 38–42.

Seidensticker, Kai (2021): Die (Re-)Produktion der aggressiven Polizeimännlichkeit. Eine Innenansicht, in: Arzt, Clemens/Hirschmann, Nathalie/Hunold, Daniela/Lüders, Sven/Meißelbach, Christoph/Schöne, Marschel/Birgitta Sticher (Hg.), Perspektiven der Polizeiforschung. 1. Nachwuchstagung Empirische Polizeiforschung. Berlin, S. 119–132, URL: https://opus4.kobv.de/opus4-hwr/files/3370/Tagungsband_NEPF2021-final.pdf.

Seidensticker, Kai (2021): Wandel und Beständigkeit von Männlichkeitskonstruktionen in der Polizei. Ein Werkstattbericht, in: Grotum, Thomas/Haase, Lena/Terizakis, Georgios (Hg.), Polizei(en) in Umbruchsituationen. Herrschaft, Krise, Systemwechsel und „offene Moderne". Wiesbaden, S. 365–384.

Susen, Ann-Sofie (2018): Dezentrale bedarfsorientierte Bildungsarbeit bei der Berliner Polizei mit dem Ziel diversityorientierter Kompetenzvermittlung, in: *Polizei, Wissen. Themen politischer Bildung* (2), S. 21–26.

## Polizei & Rassismus

o. V. (2014): Polizeilicher Umgang mit migrantischen Opferzeugen. Eine explorative Untersuchung zur wissenschaftlichen Aufklärung von Vorwürfen mangelnder Sensibilität von Polizeibeamten in Einsätzen bei vorurteilsmotivierten Straftaten. Aschersleben. URL: https://www.marc-coester.de/daten/module/media/24/Forschungsbericht_mit_Vorwort-86.pdf.

Abdul-Rahman, Laila/Espín Grau, Hannah/Klaus, Luise/Singelnstein, Tobias (2020): Rassismus und Diskriminierungserfahrungen im Kontext polizeilicher Gewaltausübung. Zweiter Zwischenbericht zum Forschungsprojekt „Körperverletzung im Amt durch Polizeibeamt*innen" (KviAPol). Bochum. URL: https://kviapol.rub.de/images/pdf/KviAPol_Zweiter_Zwischenbericht.pdf.

Ahlheim, Klaus/Heger, Bardo (1998): Vorurteile und Fremdenfeindlichkeit. Handreichungen für die politische Bildung der Polizei, Schwalbach/Taunus.

Ahlheim, Klaus/Heger, Bardo (1996): „Fremdenfeindlichkeit und Polizei" als Thema politischer Bildung in der Aus- und Fortbildung der Polizei, in: Schriftenreihe der Polizei-Führungsakademie, Nr. 1/2, S. 167–197.

Albrecht, Hans-Jörg (2002): Polizei, Diskriminierung und Fremdenfeindlichkeit in multiethnischen Gesellschaften, in: Donatsch, Andreas/Forster, Marc/Schwarzenegger, Christian (Hg.), Strafrecht, Strafprozessrecht und Menschenrechte, Zürich, S. 355–372.

Asmus, Hans-Joachim/Enke, Tomas (2016): Der Umgang der Polizei mit migrantischen Opfern. Eine qualitative Untersuchung, Wiesbaden.

Atali-Timmer, Fatos (2021): Interkulturelle Kompetenz bei der Polizei. Eine rassismuskritische Studie. Opladen.

Backes, Otto/Biek, Thomas/Dollase, Rainer/Heitmeyer, Wilhelm/Meyer, Joerg/Spona, Dagmar/Wilkening, Frank (1997): Risikokonstellationen im Polizeialltag. Ergebnisse einer mehrperspektivischen empirischen Untersuchung zum Verhältnis von Polizei und Fremden. Bielefeld.

Behr, Rafael (2021): „Dicke Bretter bohren" – Begünstigende und behindernde Faktoren auf dem Weg zu einer kultursensiblen und rassismuskritischen Polizeikultur, in: Polizeiakademie Niedersachsen (Hg.), Forschung, Bildung, Praxis im gesellschaftlichen Diskurs. Frankfurt am Main.

Behr, Rafael (2017): Diskriminierung durch Polizeibehörden, in: Scherr, Albert/El-Mafaalani, Aladin/Yüksel, Gökcen (Hg.), Handbuch Diskriminierung, Wiesbaden, S. 301–319.

Belina, Bernd (2016): Der Alltag der Anderen: Racial Profiling in Deutschland?, in: Dollinger, Bernd/Schmidt-Semisch, Henning (Hg.), Sicherer Alltag? Politiken und Mechanismen der Sicherheitskonstruktion im Alltag, Wiesbaden, S. 123–146.

Bosch, Alexander (2021): Kein Schlussstrich! – Was die Polizei 10 Jahre nach der Selbstenttarnung des NSU noch lernen muss, in: *Wissen schafft Demokratie* (10), S. 124–137, URL: https://www.idz-jena.de/wsddet/wsd10-11.

Bosch, Alexander (2021): Wie Wissen über Rassismus der Polizei helfen kann, in: *Deutsches Polizeiblatt für die Aus- und Fortbildung* 39 (5), S. 20–23.

Bosch, Alexander (2021): Polizei und Rassismus. Rassistische Wissensbestände und -praxen in der Polizei, in: Arzt, Clemens/Hirschmann, Nathalie/Hunold, Daniela/ Lüders, Sven/Meißelbach, Christoph/Schöne, Marschel/Birgitta Sticher (Hg.), Perspektiven der Polizeiforschung. 1. Nachwuchstagung Empirische Polizeiforschung. Berlin, S. 31–51, URL: https://opus4.kobv.de/opus4-hwr/files/3370/Tagungsband_ NEPF2021-final.pdf.

Bosch, Alexander (2020): Die aktuelle Debatte um Rassismus und Rechtsextremismus in der Polizei, in: *Vorgänge* 59 (3/4), S. 167–177, https://www.humanistische-union. de/publikationen/vorgaenge/231-232/publikation/die-aktuelle-debatte-um-rassis-mus-und-rechtsextremismus-in-der-polizei.

Bowling, Ben/Parmar, Alpa/Phillips, Coretta (2008): Policing Minority Ethnic Communities, in: Newburn, Tim (ed.), Handbook of Policing, London.

Bundesministerium des Innern, für Bau und Heimat (Hg.) (2021): Perspektivwechsel. Nachholende Gerechtigkeit. Partizipation. Bericht der Unabhängigen Kommission Antiziganismus. URL: https://www.institut-fuer-menschenrechte.de/fileadmin/ Redaktion/PDF/UKA/Bericht_UKA_Perspektivwechsel_Nachholende_Gerechtig-keit_Partizipation.pdf.

Coester, Marc (2018): Das Konzept der Vorurteilskriminalität, in: *Wissen schafft Demokratie* (4), S. 38–47, URL: https://www.idz-jena.de/wsddet/wsd4-5.

Elverich, Gabi/Reindlmeier, Karin (2006): „Prinzipien antirassistischer Bildungsarbeit" – ein Fortbildungskonzept in der Reflexion, in: Dies./Kalpaka, Annita (Hg.), Spurensicherung – Reflexion von Bildungsarbeit in der Einwanderungsgesellschaft, Frankfurt am Main/London, S. 27–62.

End, Markus (2019): Antiziganismus und Polizei. Heidelberg. URL: https://zentralrat. sintiundroma.de/download/9262.

End, Markus (2019): The "gypsy Threat": Modes of Racialization and Visual Representation Underlying German Police Practices, in: van Baar, Huub/Ivasiuc, Ana/Kreide, Regina (ed.), The Securitization of the Roma in Europe. Cham, S. 261–283.

Frank, Hannes (2016): Interkulturelle Kompetenz in der Polizeiausbildung. Zwischen Theorie und praktischen Möglichkeiten, Frankfurt am Main.

Franzke, Bettina (2017): Interkulturelle Kompetenzen bei der Polizei – Wunsch versus Wirklichkeit, in: *Polizei und Wissenschaft* (2), S. 14–26.

Friedrich, Sebastian/Mohrfeldt, Johanna (2013): „Das ist normal" – Mechanismen des institutionellen Rassismus in der polizeilichen Praxis, in: Opferperspektive e. V. (Hg.), Rassistische Diskriminierung und rechte Gewalt. An der Seite der Betroffenen beraten, informieren, intervenieren, Münster, S. 194–203.

Geschke, Daniel/Quent, Matthias (2021): Sekundäre Viktimisierung durch Polizei und Justiz, in: Cholia, Harpreet Kaur/Jänicke, Christin (Hg.), Unentbehrlich. Solidarität mit Betroffenen rechter, rassistischer und antisemitischer Gewalt. Münster, S. 74–80.

Hielscher, Lee (2018): Wie neutral kann Polizeiarbeit sein? Die Wirkmacht rassifizie-renden Vorwissens bei den (Hamburger) NSU-Ermittlungen, in: Arbeit und Leben

DGB/VHS Hamburg (Hg.), Rassismus als Terror, Struktur und Einstellung. Bildungsbaustein mit Methoden zum NSU-Komplex. Kontinuitäten, Widersprüche und Suchbewegungen, Hamburg, S. 7–8, URL: https://hamburg.arbeitundleben.de/img/daten/D347839919.pdf.

Horace, Matthew/Harris, Ron; übersetzt von Oldenburg, Volker (2020): Schwarz, Blau, Blut. Ein Cop über Rassismus und Polizeigewalt in den USA (Originaltitel: The black and the blue), Bonn.

Hunold, Daniela (2009): Polizeiarbeit im Einwanderungsland Deutschland – Homogenität und Diversität im deutschen Polizeialltag, in: Behr, Rafael/Ohlemacher, Thomas (Hg.), Offene Grenzen – Polizieren in der Sicherheitsarchitektur einer postterritorialen Welt. Ergebnisse der der XI. Tagung des Arbeitskreises Empirische Polizeiforschung, Frankfurt am Main, S. 27–43.

Hunold, Daniela/Wegner, Maren (2020): Rassismus und Polizei. Zum Stand der Forschung, in: *Aus Politik und Zeitgeschichte* 70 (42–44), S. 27–44, URL: https://www.bpb.de/shop/zeitschriften/apuz/antirassismus-2020/316766/rassismus-und-polizei-zum-stand-der-forschung/.

Hunold, Daniela/Singelnstein, Tobias (Hg.) (2022): Rassismus und Diskriminierung in der polizeilichen Praxis. Eine Bestandsaufnahme. Wiesbaden.

Jacobsen, Astrid (2008): „Was mach ich denn, wenn so'n Türke vor mir steht?" Zur interkulturellen Qualifzierung der Polizei, in: Frevel, Bernhard/Asmus, Hans-Joachim (Hg.), Empirische Polizeiforschung X: Einfüsse von Globalisierung und Europäisierung auf die Polizei, Frankfurt am Main, S. 44–55.

Jaschke, Hans-Gerd (1996): Rechtsextremismus und Fremdenfeindlichkeit bei der Polizei – Expertise im Auftrag der Polizei-Führungsakademie, in: Kuratorium der Polizei-Führungsakademie (Hg.), Fremdenfeindlichkeit in der Polizei? Ergebnisse einer wissenschaftlichen Studie, Lübeck, S. 199–220.

Kempen, Aiko (2021): Auf dem rechten Weg? Rassisten und Neonazis in der deutschen Polizei. München.

Liebl, Karlhans (Hg.) (2009): Polizei und Fremde – Fremde in der Polizei. Wiesbaden.

Macpherson, William (1999): The Stephen Lawrence Inquiry. Presented to Parliament by the Secretary of State for the Home Department by Command of Her Majesty. London. URL: https://assets.publishing.service.gov.uk/government/uploads/system/uploads/attachment_data/file/277111/4262.pdf.

Ministerium für Inneres und Sport Sachsen-Anhalt (Hg.) (2021): Bericht der Sonderkommission zu institutionellem Antisemitismus, Rassismus und Fremdenfeindlichkeit in der Landespolizei Sachsen-Anhalt. Magdeburg. https://mi.sachsen-anhalt.de/fileadmin/Bibliothek/Politik_und_Verwaltung/MI/MI/2._Aktuelles/20210228_Bericht_Sonderkommission_Druckversion.pdf.

Quent, Matthias/Geschke, Daniel/Peinelt, Eric (²2016): Die haben uns nicht ernst genommen: eine Studie zu Erfahrungen von Betroffenen rechter Gewalt mit der Polizei, Berlin, URL:https://verband-brg.de/wp-content/uploads/2019/01/EZRA-VBRG-Studie-Die_haben_uns_nicht_ernst_genommen_WEB.pdf.

Rath, Christian (2020): Antidiskriminierung und Racial Profiling, in: *Deutsche Richterzeitung* (7/8), S. 246–247.

Schellenberg, Britta/Frevel, Bernd (2021): Rassismus- und Rechtsextremismusbekämpfung als Arbeitsfelder der Polizei. Ausgabe 1+2 der Zeitschrift *Forum.Politische Bildung und Polizei* („Aus- und Fortbildung"/„Ermittlungsarbeit und Opferschutz").

Schicht, Günter (2013): Racial Profiling bei der Polizei in Deutschland – Bildungsbedarf? Beratungsresistenz?, in: *Zeitschrift für internationale Bildungsforschung und Entwicklungspädagogik* 36 (2), S. 32–37.

Schroth, Kathrin/Fereidooni, Karim (2021): „Racial profiling möchte ich da gar nicht groß negieren oder von der Hand weisen". Rassismus und Polizeiarbeit. Eine qualitative Studie zu rassismusrelevanten Erklärungs- und Handlungsmustern von Polizist*innen in NRW, in: Polizeiakademie Niedersachsen (Hg.), Forschung, Bildung, Praxis im gesellschaftlichen Diskurs. Frankfurt am Main.

Seidensticker, Kai (2021): Rassismus in der Polizei: Strukturbedingungen und Reproduktionslogiken, in: *Wissen schafft Demokratie* (10), S. 138–149, URL: https://www.idz-jena.de/fileadmin/user_upload/PDFS_WsD10/Beitrag_Kai_Seidensticker.pdf.

Singelnstein, Tobias (2021): Rassismus in der Polizei, in: Ruch, Andreas/Singelnstein, Tobias (Hg.), Auf neuen Wegen. Kriminologie, Kriminalpolitik und Polizeiwissenschaft aus interdisziplinärer Perspektive. Festschrift für Thomas Feltes zum 70. Geburtstag, Berlin, S. 379–392.

Sulaika Lindemann/Schmid, Lina (2020): Rassistische Polizeigewalt in Deutschland, 8.9.2020. URL: https://heimatkunde.boell.de/de/2020/09/08/rassistische-polizeigewalt-deutschland.

Thompson, Vanessa E. (2018): Racial Profiling im Visier. Rassismus bei der Polizei, Folgen und Interventionsmöglichkeiten, Düsseldorf.

Weinhauer, Klaus (2021): Rassismus und Polizei: Die Notwendigkeit einer geschichtswissenschaftlich fundierten kooperativ-reflexiven Interdisziplinarität, in: Grotum, Thomas/Haase, Lena/Terizakis, Georgios (Hg.), Polizei(en) in Umbruchsituationen. Herrschaft, Krise, Systemwechsel und „offene Moderne". Wiesbaden, S. 399–414.

Wrochem, Oliver von (2018): Handeln in institutionellen Gefügen, in: Gomolla, Mechtild/Kollender, Ellen/Menk, Marlene (Hg.), Rassismus und Rechtsextremismus in Deutschland. Figurationen und Interventionen in Gesellschaft und staatlichen Institutionen, Weinheim/Basel, S. 212–228.

## Polizei & Geschichte

Baumann, Imanuel/Reinke, Herbert/Stephan, Andrej/Wagner, Patrick (2011): Schatten der Vergangenheit. Das BKA und seine Gründungsgeneration in der frühen Bundesrepublik. Köln, URL: https://www.bka.de/SharedDocs/Downloads/DE/Publikationen/Publikationsreihen/PolizeiUndForschung/Sonderband2011SchattenDerVergangenheit.pdf?__blob=publicationFile&v=2.

Bessel, Richard (1995): Polizei zwischen Krieg und Sozialismus. Die Anfänge der Volkspolizei nach dem Zweiten Weltkrieg, in: Jansen, Christian/Niethammer, Lutz/Weisbrod, Bernd (Hg.), Von der Aufgabe der Freiheit. Politische Verantwortung und bürgerliche Gesellschaft im 19. und 20. Jahrhundert, Festschrift für Hans Mommsen, Berlin.

Boldt, Erwin (2003): Die verschenkte Reform. Der Neuaufbau der Hamburger Polizei zwischen Weimarer Tradition und den Vorgaben der britischen Besatzungsmacht 1945–1955, Münster.

Boldt, Hans (1992): Geschichte der Polizei in Deutschland, in: Lisken, Hans/Denninger, Ernst (Hg.), Handbuch des Polizeirechts, München, S. 1–39.

Browning, Christopher R. (2020): Ganz normale Männer. Das Reserve-Polizeibataillon 101 und die „Endlösung" in Polen. Unter Mitarbeit von Jürgen Peter Krause und Thomas Bertram. Erweiterte Neuausgabe, Hamburg.

Buhlan, Harald/Jung, Werner (Hg.) (2000): Wessen Freund und wessen Helfer? Die Kölner Polizei im Nationalsozialismus, Köln.

Dams, Carsten/Dönecke, Klaus/Köhler, Thomas (Hg.) (2007): „Dienst am Volk"? Düsseldorfer Polizisten zwischen Demokratie und Diktatur, Frankfurt am Main.

Dams, Carsten/Stolle, Michael (2008): Die Gestapo. Herrschaft und Terror im Dritten Reich, München.

Deppisch, Sven (2017): Täter auf der Schulbank. Die Offiziersausbildung der Ordnungspolizei und der Holocaust, Marburg.

Diedrich, Torsten/Wenzke, Rüdiger (2003): Die getarnte Armee. Geschichte der Kasernierten Volkspolizei der DDR 1952 – 1956, Berlin.

Dierl, Florian/Hausleitner, Mariana/Hölzl, Martin/Mix, Andreas (Hg.) (2011): Ordnung und Vernichtung. Die Polizei im NS-Staat. Dresden.

Evans, Richard J. (1996): Polizei, Politik und Gesellschaft in Deutschland 1700 –1933, in: *Geschichte und Gesellschaft* 22 (4), S. 609–628.

Frevel, Bernhard (2020): Polizei und historisch-politische Bildungsarbeit an Geschichtsorten und Gedenkstätten, Frankfurt am Main.

Fürstenau, Justus (1969): Entnazifizierung. Ein Kapitel deutscher Nachkriegspolitik. Neuwied, Berlin.

Goch, Stefan (2008): Politische Bildung durch Geschichtsarbeit: Das Projekt „Sozialgeschichte der Polizei in Gelsenkirchen", in: Leßmann-Faust, Peter (Hg.), Polizei und Politische Bildung, Wiesbaden.

Goch, Stefan (Hg.) (2005): Städtische Gesellschaft und Polizei. Beiträge zur Sozialgeschichte der Polizei in Gelsenkirchen, Essen.

Heer, Hannes/Naumann, Klaus ([5]1997): Vernichtungskrieg. Verbrechen der Wehrmacht 1941 – 1944, Frankfurt am Main.

Kenkmann, Alfons (1996): Vom Schreibtischtäterort zum Lernort. Überlegungen zur Nutzung der Ordnungspolizei-Residenz in der historisch-politischen Bildungsarbeit, in: ders. (Hg.), Villa ten Hompel. Sitz der Ordnungspolizei im Dritten Reich. Vom „Tatort Schreibtisch" zur Erinnerungsstätte?, Münster, S. 115–137.

Kleinknecht, Thomas (1997): Polizeiliche Bildungsarbeit. Vom Fachunterricht zur sozialen Kompetenz. Das Beispiel der Landespolizeischulen in Münster seit 1945 bis zur Gegenwart, Münster.

Kleinknecht, Thomas (1998): Die Polizei im gesellschaftlichen Diskurs. ,68er'-Demonstranten als Motor polizeilicher Bildungsarbeit. Das westfälische Beispiel, in: *Westfälische Forschungen* 48, S. 311–332.

Klemp, Stefan (2022): „Nicht ermittelt . Polizeibataillone und die Nachkriegsjustiz: ein Handbuch. Berlin.

Kopitzsch, Wolfgang (2001): Polizei im ‚Dritten Reich' – ein Thema in der polizeilichen Aus- und Fortbildung heute?, in: Kenkmann, Alfons/Christoph Spieker (Hg.), „Im Auftrag". Polizei, Verwaltung und Verantwortung, Essen, S. 325–333.

Leßmann-Faust, Peter (1996): Reichswehr und preußische Schutzpolizei im ersten Jahrfünft der Weimarer Republik, in: Nitschke, Peter (Hg.), Die deutsche Polizei und ihre Geschichte. Beiträge zu einem distanzierten Verhältnis. Hilden/Rhld., S. 119–138.

Leßmann, Peter (1993): Mit „Manneszucht" gegen „irregeleitete Volksgenossen". Bildung und Ausbildung der preußischen Schutzpolizei in der Weimarer Republik, in: Reinke, Herbert (Hg.), „... nur für die Sicherheit da ...“? Zur Geschichte der Polizei im 19. und 20. Jahrhundert, Frankfurt am Main/New York, S. 71–93.

Leßmann, Peter (1989): Die preußische Schutzpolizei in der Weimarer Republik. Streifendienst und Straßenkampf, Düsseldorf.

Lindenberger, Thomas (2003): Volkspolizei. Herrschaftspraxis und öffentliche Ordnung im SED-Staat 1952 – 1968, Köln/Weimar/Wien.

Mallmann, Klaus-Michael/Angrick, Andrej (Hg.) (2009): Die Gestapo nach 1945. Karrieren, Konflikte, Konstruktionen. Wolfgang Scheffler zum Gedenken. Darmstadt.

Menker, Franz-Josef (1992): Polizeigrundausbildung in der demokratischen Frühphase der preußischen Polizei. Drill kontra Bildung, dargestellt am Beispiel der Polizeischulen in Münster, in: *Archiv für Polizeigeschichte* 3 (3), S. 70–76.

Noethen, Stefan (2003): Alte Kameraden und neue Kollegen. Polizei in Nordrhein-Westfalen 1945 – 1953, Essen.

Pastoor, Ulrike/Wrochem, Oliver von (Hg.) (2013): NS-Geschichte, Institutionen, Menschenrechte. Bildungsmaterialien zu Verwaltung, Polizei und Justiz, Berlin.

Reemtsma, Jan Philipp/Jureit, Ulrike (Hg.) ($^2$2002): Verbrechen der Wehrmacht. Dimensionen des Vernichtungskrieges 1941 – 1944; Ausstellungskatalog. Hamburg.

Richter, Jeffrey S. (2001): „Entpolizeilichung" der öffentlichen Ordnung. Die Reform der Verwaltungspolizei in der britischen Besatzungszone 1945 – 1955, in: Fürmetz, Gerhard/Reinke, Herbert/Weinhauer, Klaus (Hg.), Nachkriegspolizei. Sicherheit und Ordnung in Ost- und Westdeutschland 1945 – 1969, Hamburg.

Scharnetzky, Julius (2019): Historisch-politische Bildung für angehende Polizist*innen in der KZ-Gedenkstätte Flossenbürg, in: Frevel, Bernhard/Schmidt, Peter (Hg.), Empirische Polizeiforschung XXII. Demokratie und Menschenrechte – Herausforderungen für und an die polizeiliche Bildungsarbeit, Frankfurt am Main, S. 117–131.

Schloßmacher, Norbert (Hg.) (2006): Die Bonner Polizei im Nationalsozialismus, Bonn.

Weinhauer, Klaus (2008): Zwischen Tradition und Umbruch. Schutzpolizei in den 1950er bis 1970er Jahren (Personal, Ausbildung, Revierdienst, Großeinsätze), in: Peter Leßmann-Faust (Hg.), Polizei und Politische Bildung, Wiesbaden, S. 21–43.

Weinhauer, Klaus (2003): Schutzpolizei in der Bundesrepublik. Zwischen Bürgerkrieg und Innerer Sicherheit: Die turbulenten sechziger Jahre, Paderborn u. a.

## Polizei & Antisemitismus

Botsch, Gideon (2021): Ein „nach rechts verzerrtes Bild"? Antisemitische Vorfälle zwischen Polizeistatistik, Monitoring und Betroffenenperspektive, in: *Neue Kriminalpolitik* 33 (4), S. 456–473.

Bundeskriminalamt (Hg.) (2001): Rechtsextremismus, Antisemitismus und Fremdenfeindlichkeit. Bestandsaufnahme, Perspektiven, Problemlösungen. Vorträge anlässlich der Herbsttagung des Bundeskriminalamts vom 21. bis 23. November 2000. Neuwied (Polizei + Forschung, Bd. 7). URL: https://www.bka.de/SharedDocs/Downloads/DE/Publikationen/Herbsttagungen/Tagungen1954Bis2001/2000_RechtsextremismusAntisemitismusUndFremdenfeindlichkeit.pdf;jsessionid=C204C4354F9BA99610799496 BBA503BE.live602?__blob=publicationFile&v=2.

Bundesministerium des Innern (Hg.) (2017): Antisemitismus in Deutschland – aktuelle Entwicklungen. Berlin. URL: https://www.bmi.bund.de/SharedDocs/downloads/DE/publikationen/themen/heimat-integration/expertenkreis-antisemitismus/expertenbericht-antisemitismus-in-deutschland.pdf;jsessionid=B50577F1B1F7F4527FC2C6B 61E3DCA49.2_cid295?__blob=publicationFile&v=7.

Götting, Dirk (2021): Polizei und Shoa – oder vom Umgang mit geschichtlicher Verantwortung in der Polizei Niedersachsen, in: Polizeiakademie Niedersachsen (Hg.), Forschung, Bildung, Praxis im gesellschaftlichen Diskurs. Frankfurt am Main.

Iganski, Paul (2007): Too Few Jews to Count? Police Monitoring of Hate Crime Against Jews in the United Kingdom, in: *American Behavioral Scientist* 51 (2), S. 232–245.

Iganski, Paul/Kielinger, Vicky/Paterson, Susan (2005): Hate crimes against London's Jews: An analysis of incidents recorded by the Metropolitan Police Service 2001–2004. Hg. v. Institute for Jewish Policy Research. London. URL: https://archive.jpr.org.uk/download?id=1480.

Jahn, Sarah Jadwiga (2021): „Die Pizza" und „der Antisemitismus". Antisemitismusprävention als Handlungsfeld in der Polizeiausbildung. Eine Projektvorstellung, in: Polizeiakademie Niedersachsen (Hg.), Forschung, Bildung, Praxis im gesellschaftlichen Diskurs. Frankfurt am Main, S. 84–95.

Kohlstruck, Michael/Ullrich, Peter (²2015): Antisemitismus als Problem und Symbol. Phänomene und Interventionen in Berlin. Berlin, URL: https://depositonce.tu-berlin.de/bitstream/11303/4866/1/kohlstruck_et-al.pdf.

Landes-Demokratiezentrum Niedersachsen/Landespräventionsrat Niedersachsen (2021): Leitfaden zum Erkennen antisemitischer Straftaten. Hannover. URL: https://

ldz-niedersachsen.de/html/download.cms?id=150&datei=LDZ-Leitfaden-Antisemi-tische_Straftaten-A4-DRUCK-uncoated-v2-150.pdf.

Laube, Max (2021): Antisemitische Vorfälle in Berlin (Januar 2017 – Juni 2019). Art, Ausmaß, Entwicklung. Berlin.

Lehmann, Jens (2020): Leugnung des Holocaust und „Israelkritik" als neuere Formen der Volksverhetzung, in: Lüttig, Frank/Lehmann, Jens (Hg.), Rechtsextremismus und Rechtsterrorismus. Baden-Baden, S. 279–307.

Polizei Berlin/Generalstaatsanwaltschaft Berlin (2021): Leitfaden zur Verfolgung antisemitischer Straftaten in Berlin. Berlin. URL: https://www.berlin.de/generalstaatsan-waltschaft/_assets/ueber-uns/beauftragte/antisemitismus/leitfaden_zur_verfolgung_antisemitischer_straftaten_in_berlin.pdf.

Polizei Berlin (2021): Ausstellung „Jüdisches Leben und Polizei – Vergangenheit trifft Gegenwart", Berlin, URL: https://juedisches-leben-und-polizei.berlin.de/willkommen.

Salzborn, Samuel (2021): Antisemitismus zwischen Tat und Straftat. Zur Dunkelfelderhellung am Beispiel des Berliner Modells der Antisemitismusbekämpfung, in: *Recht und Politik* 57 (2), S. 221–227.

Wessel, Julia Schulze (1999): Neue Formen des Antisemitismus in der deutschen Nachkriegsgesellschaft. Eine Analyse deutscher Polizeiakten der Jahre 1945–1948, in: *Jahrbuch für Antisemitismusforschung* 8, S. 177–194.

Steinke, Ronen (2020): Terror gegen Juden. Wie antisemitische Gewalt erstarkt und der Staat versagt, Berlin.

Steinke, Ronen (2020): Blaming the Victims: Der antisemitische Doppelmord in Erlangen 1980 und die Ermittler, in: *Bürgerrechte & Polizei/CILIP* (123), URL: https://www.cilip.de/2020/12/17/blaming-the-victims-der-antisemitische-doppelmord-in-erlangen-1980-und-die-ermittler.

# Die Autor*innen

**Bayer, Felicia**, bis 2021 studentische Hilfskraft am Fachbereich Polizei und Sicherheitsmanagement der Hochschule für Wirtschaft und Recht Berlin.

**Cremer, Hendrik** (Dr. jur.), seit 2007 beim Deutschen Institut für Menschenrechte, arbeitet im Schwerpunkt zu den Themen Recht auf Asyl, Rechte in der Migration und Recht auf Schutz vor Rassismus. Veröffentlichungen u. a.: Nicht auf dem Boden des Grundgesetzes. Warum die AfD als rassistische und rechtsextreme Partei einzuordnen ist. Berlin 2021; Verbot rassistischer Diskriminierung. Methode des Racial Profiling ist grund- und menschenrechtswidrig, in: *Deutsches Polizeiblatt* 3/2019, S. 22–24.

**Gensch, Marco** (M.A.), Studium der Politikwissenschaft mit dem Schwerpunkt Internationale Beziehungen an der Helmut-Schmidt-Universität/Universität der Bundeswehr Hamburg sowie des Gehobenen Polizeivollzugsdienstes an der Hochschule für Wirtschaft und Recht in Berlin. Ehemals Offizier der Bundeswehr. Derzeit Kriminalkommissar im Landeskriminalamt Berlin.

**Kopke, Christoph** (Dr. phil.), Politikwissenschaftler, Professor für Politikwissenschaft und Zeitgeschichte am Fachbereich Polizei und Sicherheitsmanagement der Hochschule für Wirtschaft und Recht Berlin. Zahlreiche Veröffentlichungen, u. a. zu Polizei und Rechtsextremismus

**Kuschewski, Philipp** (Dr. phil.), Politikwissenschaftler, wissenschaftlicher Mitarbeiter bei der Koordinierungsstelle Politische Bildung und Polizei an der Deutschen Hochschule der Polizei in Münster. Veröffentlichungen u. a. zu Polizeiwissenschaft und zu Politischer Bildung und Polizei.

**Lorenz-Milord, Alexander** (B.A.), Studium der Geschichte und Religionswissenschaft, Redakteur des wissenschaftlichen Onlinemagazins „Medaon – Magazin für jüdisches Leben in Forschung und Bildung", Mitarbeiter im Modellprojekt „Regishut – Sensibilisierung zu Antisemitismus in der Berliner Polizei", Zahlreiche Veröffentlichungen, u. a.: Konsequenzen der Polizei aus dem NSU-Komplex – Ein Überblick über Aktivitäten, Maßnahmen und Strategien der

Polizei des Bundeslandes Brandenburg, in: Jahrbuch Öffentliche Sicherheit 2020/2021, S. 173–189 (mit Christoph Kopke).

**Schwietring, Marc** (M.A.), Politikwissenschaftler und Sozialpsychologe, Projektleitung „Regishut: Sensibilisierung zu Antisemitismus in der Berliner Polizei" des Verein für Demokratische Kultur in Berlin (VDK) e. V. Arbeitsschwerpunkte und zahlreiche Veröffentlichungen zu den Themen Rechtsextremismus-, Antisemitismus- und Rechtsterrorismusforschung und Prävention.

**Steder, Alexander** (M.A.), studierte Geschichte und Politikwissenschaft sowie Hebräisch und Arabisch an der Universität Marburg und an der Hebrew University of Jerusalem. Doktorand an der Universität Marburg. Forscht zur Verflechtungsgeschichte der west- und ostdeutschen Nahostpolitik zwischen 1945 und 1990. Seit 2020 Mitarbeiter im Projekt „Regishut. Sensibilisierung zu Antisemitismus in der Berliner Polizei". Lehrtätigkeiten an der Berliner Polizeiakademie und der Hochschule für Wirtschaft und Recht Berlin. Veröffentlichung: als Hg. für die Deutsch-Israelische Gesellschaft e. V.: Rückkehrrecht? Geschichte und Gegenwart einer palästinensischen Forderung, Berlin 2021.

**Schubert, Kai E.** (M.A.), studierte Politikwissenschaft, Jüdische Studien sowie Interdisziplinäre Antisemitismusforschung. Laufende Promotion an der Justus-Liebig-Universität Gießen im Gebiet Didaktik der Sozialwissenschaften. Stipendiat des Ernst Ludwig Ehrlich Studienwerks. Seit 2019 Lehrbeauftragter an der Hochschule für Wirtschaft und Recht Berlin. Veröffentlichungen u. a.: Pädagogische Auseinandersetzungen mit dem Nahostkonflikt: Adressierungen von israelbezogenem Antisemitismus, in: Julia Bernstein/Marc Grimm/Stefan Müller (Hg.), Schule als Spiegel der Gesellschaft. Antisemitismen erkennen und handeln. Frankfurt am Main 2022, S. 441–458. Reflexionen über den Nahostkonflikt als Thema der selektiven und indizierten Präventionsarbeit (Impulse des Kompetenznetzwerks Islamistischer Extremismus [KN:IX], Nr. 1), Berlin 2021, URL: https://kn-ix.de/download/5347/.

In der Reihe „Polizei – Geschichte – Gesellschaft" werden Sammelbände und Monographien veröffentlicht, die polizeilich relevante historische oder aktuelle gesellschaftliche Themen und Fragestellungen aufgreifen.

Bisher erschien:

Band 1
Christoph Kopke (Hg.): Nach dem NSU. Ergebnisse und Konsequenzen für die Polizei. 197 S., 2020.

Band 2
Johannes Klemm: Publizistische Kommunikation für Dschihad und Revolution. Strategien der Gruppen *Al-Qaeda on the Arabian Peninsula* und *Rote Armee Fraktion* im Vergleich. 145 S., 2020.

Band 3
Felix Lange: Klassifikation von Todesopfern rechtsmotivierter Gewalt in Nordrhein-Westfalen. Untersuchung von Verdachtsfällen der Jahre 1992/93. 108 S., 2021.

Herausgeber:
Prof. Dr. Christoph Kopke
Professur für Politikwissenschaft und Zeitgeschichte
Hochschule für Wirtschaft und Recht
Fachbereich 5 – Polizei und Sicherheitsmanagement
Alt-Friedrichsfelde 60
D – 10315 Berlin
Tel.: +49 (0)30 30877-2828
Mitglied im Forschungsinstitut für öffentliche und private Sicherheit
http://www.foeps-berlin.org/

 Folgen Sie dem Verlag für Polizeiwissen-
schaft bei Instagram und erfahren Sie
immer alle Neuerscheinungen:

https://www.instagram.com/verlagfuerpolizeiwissenschaft/

# Polizeiwissenscha

Verlag für
für Polizei-
wissenschaft
Verlag für
Polizeiwissenschaft
Verlag für
Polizeiwissenschaft
Polizeiwissenschaft
Verlag
für Polizei-
wissenschaft
Verlag für
Polizeiwissenschaft
Verlag für Polizeiwissenschaft
Verlag für Polizeiwissenschaft

Innere Sicherheit
Psychologie      Ethik
Nachrichtendienst

**www.polizeiwissenschaft.de**

Polizeipsychologie
Führungslehre
Kriminalistik          Recht
Polizeiforschung
Prävention          Soziologie
Kriminalpsychologie
Polizeigeschichte
Politikwissenschaft Kriminologie
Forensik  Einsatzlehre
Öffentliche Sicherhe
Rechtspsychologie